*In der Verlagsgruppe Droemer Knaur sind bereits
folgende Bücher von Werner Tiki Küstenmacher erschienen:*
simplify your life. Einfacher und glücklicher leben
simplify your love. Gemeinsam einfacher und glücklicher leben
simplify your life. Den Arbeitsalltag gelassen meistern
simplify your life. Mit Kindern einfacher und glücklicher leben
simplify your life. Küche, Keller, Kleiderschrank entspannt im
  Griff
Love your life! 100 Gründe, warum es sich lohnt zu leben
Die 3-Minuten-Bibel
biblify your life. Erfüllter und bewusster leben

Die Autoren:
Werner Tiki Küstenmacher, evangelischer Pfarrer, arbeitet seit
1990 als freiberuflicher Karikaturist und Autor. Er hat bereits
über 50 Bücher veröffentlicht. Seine Frau Marion und er sind
Chefredakteure des monatlich erscheinenden Beratungsdienstes
simplify your life®.
www.simplify.de

Marion und
Werner Tiki Küstenmacher

simplify *your life*

Endlich mehr Zeit haben

mit Karikaturen von
Werner Tiki Küstenmacher

Knaur Taschenbuch Verlag

Besuchen Sie uns im Internet:
www.knaur.de

Vollständige Taschenbuchausgabe Dezember 2011
Knaur Taschenbuch
Ein Unternehmen der Droemerschen Verlagsanstalt
Th. Knaur Nachf. GmbH & Co. KG, München
Copyright © 2004 Campus Verlag GmbH, Frankfurt am Main
Alle Rechte vorbehalten. Das Werk darf – auch teilweise – nur
mit Genehmigung des Verlags wiedergegeben werden.
Umschlaggestaltung: ZERO Werbeagentur, München
Umschlagabbildung: Werner Tiki Küstenmacher
Druck und Bindung: CPI – Clausen & Bosse, Leck
Printed in Germany
ISBN 978-3-426-78457-0

2 4 5 3 1

Inhalt

Vorwort

Mithilfe dieses Büchleins können Sie Ihr Leben in allen Bereichen verändern, da es Ihre Sichtweise des Phänomens Zeit revolutionieren wird. Die simplify-Sicht der Zeit vereinfacht Ihren Alltag, sodass Sie glücklicher, fröhlicher und gelassener leben werden.

»Zeit ist Geld.« Auf dieser simplen Gleichung von Arbeitszeit und Kapitaleinsatz basierte die rationelle Produktion, die der Automobilpionier Henry Ford mit unglaublichem Erfolg eingeführt hat. Kaum ein Motto der modernen Industriegesellschaft war und ist indes so umstritten wie dieses »time is money«. Viele Menschen spürten, dass sich mit ihm etwas in ihrem Bewusstsein zum Schlechteren veränderte. Es war eine Art kollektive Gehirnwäsche, die das ursprüngliche und natürliche Verhältnis zum Rohstoff Zeit zerstört hat. Denn schon bald glaubten die Menschen wirklich, dass Zeit wie Geld sei. Unmerklich schlich sich das neue Gedankengut über die Alltagssprache in die Köpfe der Menschen ein. Von klein auf lernen wir, inzwischen bereits in der dritten Generation: Zeit ist ein knappes Gut, das man »sparen« oder »verschwenden« kann. Ganz normale Tätigkeiten »verbrauchen« unsere Zeit. Die Trennung zwischen »Arbeitszeit« und »Freizeit« erscheint immer undurchdringlicher.

Unter dem harmlos klingenden Begriff des »Shareholder-Value« kam es seit Ende der 80er Jahre des letzten Jahrhunderts in Großunternehmen zu einer Rationalisierungswelle, die Fords Einführung der Fließbandarbeit weit in den Schatten stellte. Die Zeitschraube sitzt seitdem noch ein ganzes Stück straffer. In den letzten 20 Jahren ist laut einer großen Studie an 200 000 deutschen Arbeitnehmern die allgemeine Belastung durchschnittlich um 30 Prozent gestiegen: Wer 1985 täglich 20 Kunden zu bearbeiten hatte, von dem wird 2005 erwartet, dass er 26 schafft. Die 30 Prozent sind dabei ein Durchschnittswert – in Einzelfällen hat sich die erwartete Leistung sogar verdoppelt. Leerlauf, Zeit für Fehler oder Unvorhergesehenes und das kleine Schwätzchen am Rande fallen der erbarmungslosen Effizienzschere zum Opfer.

Wenn Führungskräfte und Controller bei allem die effektivste Ausnutzung der Ressource Zeit anstreben, ist das Teil eines typischen Kampfes verschiedener Interessen. Bedenklich ist es aber, wenn sich diese Schere einen festen Platz in unseren Köpfen erobert hat und wir uns selbst erbarmungslos beschneiden. Wenn wir überlegen, welcher sinnvollen zweiten Tätigkeit wir nachgehen könnten, während wir telefonieren, Autofahren oder Staubsaugen. Dieses Büchlein hält zahlreiche Ideen und Anregungen bereit, wie Sie einfacher mit Ihrer Zeit umgehen können, damit Sie mit ganzem Herzen in der Gegenwart leben und das lieben, was Sie tun. Das Wunderbare daran ist, dass Sie schließlich gelassener und zufriedener werden. Sie werden das Gefühl haben, mehr in kürzerer Zeit geschafft zu haben und wieder frei über Ihre Zeit verfügen zu können.

Die Zeit für sich entdecken

Ich wollte das Auto putzen, doch als ich zur Tür gehe, fällt mein Blick auf den Briefkasten. Ich lege die Autoschlüssel hin und sehe die Post durch. Vieles ist zum Wegwerfen, aber der Papierbehälter ist voll. Da lege ich die Rechnungen und Briefe auf den Tisch und will zur Papiertonne vor der Haustür gehen. Mir fällt ein, dass ich dabei gleich die beantworteten Briefe in den Briefkasten werfen kann. Also stelle ich die Altpapierkiste ab und setze mich an den Schreibtisch. Dort steht eine Flasche Mineralwasser, die inzwischen ziemlich warm geworden ist. Ich will sie in den Kühlschrank stellen, aber auf dem Weg dorthin sehe ich eine halb vertrocknete Topfpflanze. Ich stelle die Flasche mit dem Mineralwasser auf den kleinen Tisch daneben – und entdecke dort meine bereits vermisste Lesebrille. Die will ich zur Sicherheit auf meinen Schreibtisch legen, doch zuerst werde ich die Blumen gießen. Also lege ich die Brille neben die Spüle und fülle die Gießkanne.

Hinter der Kanne entdecke ich etwas – die Fernbedienung für den Fernseher. Was für ein Glück, dass ich sie gefunden habe! Die muss unbedingt zurück an ihren richtigen Platz. Ich lege sie nicht aus der Hand, aber zuerst müssen die Blumen gegossen werden. Schon beim ersten Gießen rollt das Wasser in dicken Tropfen aufs Parkett. Es hilft nichts, ich muss die Fernbedienung weglegen, ein Tuch aus der Küche holen und aufwischen. Als ich das nasse Tuch zurücklege, versuche ich mich zu erinnern, was ich eigentlich wollte …

Das Ergebnis am Abend: Das Auto ist nicht geputzt, die Post ist unbeantwortet, das Altpapier quillt weiterhin über, das Mineralwasser steht noch immer ungekühlt herum, die Pflanze ist nur halb gegossen – und ich kann weder Brille, Fernbedienung noch Autoschlüssel wiederfinden.

Vom Null-Tag zum Hurra-Tag

 Kennen Sie diese geschäftigen Tage, an denen man weder gemütlich ausgeruht noch faul herumgehangen hat, am Abend schließlich müde und geschafft ist – und eigentlich doch nichts vollbracht hat? Trösten Sie sich, sehr vielen Menschen sind solche so genannten Null-Tage nicht fremd. Doch Sie stehen diesem Phänomen nicht machtlos gegenüber. Mit den folgenden simplify-Tipps wird Ihr nächster Tag kein Null-, sondern ein Hurra-Tag.

Geben Sie Ihrem Körper Priorität Wenn die Aufgaben überhand nehmen und die Zeit knapp wird, verzichten die meisten Menschen als Erstes auf ihren Sport und ihre Übungen im Fitness-Studio. Damit geben sie ihr wichtigstes Zeitsparinstrument auf, denn schon 30 Minuten Radfahren, Laufen oder Gymnastik lassen Ihre Selbstzufriedenheit so ansteigen, dass Sie mühelos Wichtiges von Unwichtigem unterscheiden und damit Ihren Tag erfüllt genießen können. Regelmäßige Bewegung beugt außerdem bestens Kopfweh, Rückenschmerzen, Müdigkeit und Erkältungskrankheiten vor.

Flüchten Sie Sobald Sie merken, dass Ihnen die Zeit zwischen den Fingern zerrinnt, entfernen Sie sich aus der Arbeits- und Alltagszone. Gönnen Sie sich fünf Minuten Besinnung und Planungszeit. Nehmen Sie sich *eine einzige* Sache vor, die Sie heute unbedingt vollenden wollen – und bleiben Sie an dieser Aufgabe dran! Verankern Sie diese stille Zeit am besten fest in Ihrem Kalender, beispielsweise vor dem Frühstück (aber nicht am Frühstückstisch während des Essens).

Schaffen Sie sich freie Bahn Räumen Sie Ihren Arbeitsplatz frei. Keine große Wegwerf- und Entrümpelungsaktion, sondern eine räumlich und zeitlich begrenzte Aufräumphase, bei der Sie allen Plunder aus Ihrem direkten Blickfeld entfernen und sich eine freie Arbeitsfläche schaffen. Optische Ablenkungen fördern die

Ablenkung von Ihrem Zeitplan. Lassen Sie nur das vor sich stehen oder liegen, was Sie zur Erfüllung der vorher beschlossenen *einen einzigen* Aufgabe benötigen.

Pflegen Sie die Mini-Momente der Liebe

Verschieben Sie die Pflege Ihrer Partnerschaft nicht auf später, »wenn wir wieder so richtig dafür Zeit haben«. Liebe ist wie eine empfindliche Pflanze: Sie braucht regelmäßige Zuwendung und Aufmerksamkeit. Eine Riesenaktion alle paar Wochen hilft ihr nicht. Sich umarmen, einen kleinen Wunsch erfüllen, ein Anruf, ein paar Blumen – es gibt genügend Möglichkeiten, die nicht viel Zeit erfordern, aber für den wichtigsten Menschen in Ihrem Leben unendlich wertvoll sind. Leisten Sie sich liebevolle Momente, gerade im schrecklichsten Stress.

Rechnen Sie mit dem Chaos

Finden Sie Ihr Leben manchmal chaotisch? Das Wort »Chaos« hat in der Alltagssprache eine negative Bedeutung – denken Sie nur an

Verkehrschaos oder Chaoten. In der Physik dagegen ist Chaos ein wertfreier Begriff. In seiner griechischen Urbedeutung meint es die offene Leere des Weltraums, aus der der geordnete Kosmos hervorgegangen ist. Wenn Sie die volle Bedeutung des Wortes »Chaos« kennen, werden Sie Ihr alltägliches »Chaos« mit neuen Augen sehen.

Das klassische physikalische Weltbild von Isaac Newton geht davon aus, dass die Natur nach klaren Gesetzen abläuft. Streng genommen müssten sich alle Ereignisse vorhersagen lassen, wenn es gelänge, alle aufeinander einwirkenden Faktoren in der Natur zu berechnen. Das führte bei den Meteorologen zu dem Traum, mit einem riesigen Computer das Wetter exakt zu simulieren und für mehrere Jahrzehnte vorherzusehen. Die moderne Chaosforschung hat solche Träume beendet: Schon Vorgänge, die durch drei oder mehr Differenzialgleichungen beeinflusst werden, sind nicht »sehr kompliziert«, sondern wirklich chaotisch. Sie sind unvorhersehbar.

Dem Begriff »Zeitmanagement« liegt das Newtonsche Weltbild zugrunde. Es herrscht

der heimliche Traum, eines Tages alle Gesetzmäßigkeiten im Verhalten von Menschen und Abläufen zu entschlüsseln und dann »alles im Griff zu haben«. Die Chaosforschung erteilt auch dieser Theorie eine klare Absage, denn so gut wie alle menschlichen Interaktionen werden durch weit mehr als drei Differenzialgleichungen bestimmt. Es ist also nicht nur menschliche Schwäche, wenn etwas schief geht, sondern eine unabänderliche und vollkommen natürliche Tatsache.

Der Wunsch nach Ordnung und einem Leben, das die Zeit »managt«, ist ein Ideal, das einen Ausschnitt unseres Lebens zum alleinigen Prinzip erhebt. Während wir Ordnung und Strukturen in unserem Alltag schaffen können, streben wir zugleich nach dem schöpferischen Chaos – ja, wir leben vermutlich in beidem parallel.

Leben Sie nicht linear Das Newtonsche Weltbild wurde noch durch eine weitere Entdeckung des 20. Jahrhunderts erschüttert. Die Erforschung der Elementarteilchen, der Einzelteile des Atoms, brachte Widersprüche zutage, die für den Laien höchst verwirrend sind: Ein Teilchen kann beispielsweise an zwei Orten gleichzeitig sein und unter bestimmten Voraussetzungen scheint es sich in der Zeit rückwärts zu bewegen. Die Quantenmechanik hat somit der klassischen Newtonschen Vorstellung von der Zeit als einer geradlinig verlaufenden Entwicklung ein Ende gesetzt.

Auch im menschlichen Dasein verlaufen mehrere Zeitebenen möglicherweise parallel. Das Phänomen des Denkens »im Hinterkopf« ist vielen Menschen vertraut. Während Sie sich im Vordergrund mit den praktischen Problemen des Alltags befassen, läuft auf einer anderen Zeitebene ein Denkprozess ab. Dieser kann zu Aha-Erlebnissen führen, die Sie als »plötzlich« erleben, obwohl sie eigentlich lange vorbereitet wurden.

Vertrauen Sie auf die Kraft der gleichzeitig in Ihnen arbeitenden Zeitebenen. Stören Sie sich nicht daran, dass Ihnen »so vieles gleichzeitig durch den Kopf geht«. Ziehen Sie die aktuelle Tätigkeit nach vorn, ohne die gleichzeitig »weiter hinten« ablaufenden Vorgänge zu verteufeln.

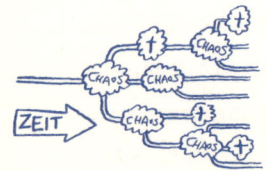

Sehen Sie Ihre Zeit als Baum
Um die entstandenen Widersprüche im Zeitbegriff aufzulösen, entwickelte der Biologe und Physiker Friedrich Cramer das Modell des Zeitbaums: Die Zeit verläuft nicht nur linear (Newtonsches Modell), sondern es kommt immer wieder zu chaotischen Situationen, die eine »Verästelung« zur Folge haben.

Die Entstehung des Kosmos war kein geradliniger Vorgang, sondern ein Abwechseln von geordneten Phasen mit chaotischen Situationen. Ohne Chaos hätte nichts Neues entstehen können. Die chaotischen Situationen waren Gabelungspunkte der Entwicklung, an denen Entscheidungen fielen, die nicht wieder rückgängig gemacht werden konnten. Hinter den Gabelungspunkten verliefen mehrere Zeiten möglicherweise gleichzeitig. Neues wurde erprobt und unbrauchbare »Zeit-Äste« starben ab.

Planen Sie das Chaos in Ihr Leben ein Lassen Sie deshalb in Ihrem Tages- und Lebensplan »Chaos-  inseln«, in denen eine Neu- orientierung möglich ist. Gestalten Sie solche Chaoszeiten nicht »chaotisch« und überfüllt, sondern zeitlos und offen – bildlich gesprochen also eher Wüstentage statt rauschender Feste. Die entscheidenden Innovationen sind nur zu schaffen, wenn Sie sich ab und zu dem Diktat der Ordnung entziehen können.

Entfliehen Sie der Zeitfalle

Wenn es um den Umgang mit der Zeit geht, stehen Umfragen zufolge vier Fragen stets im Vordergrund:

- Wie überwinde ich meinen inneren Schweinehund?
- Wie schaffe ich es, einen Zeitplan aufzustellen, der funktioniert?

- Wie werde ich mit Ablenkungen fertig?
- Warum nehme ich mir immer zu viel vor?

Für diese Kernprobleme finden Sie nachfolgend bewährte simplify-Lösungen.

So schaffen Sie Selbstdisziplin Sie bleiben nicht an einer Aufgabe dran, auch wenn die äußeren Störungen (unangemeldete Besucher und Telefonate) wegbleiben. Nun stören Sie sich selbst, Ihre Gedanken schweifen ab und Sie beschäftigen sich mit Unwichtigem. Sie haben große Mühe, Ihren inneren Schweinehund zu überwinden.

simplify-Lösung: Selbstbestrafungen sind der falsche Weg. Führen Sie stattdessen Selbstgespräche, in denen Sie sich Mut machen. Vergessen Sie das unschöne Bild vom »inneren Schweinehund«. Geben Sie sich eine positive Selbstbezeichnung: »Ich bin ein Top-Produktmanager und arbeite methodisch und effizient« anstelle von »Ich lasse mich so leicht ablenken, ich bin nun mal so.« Behalten Sie Ihre Ziele immer im Blick. Setzen Sie sich *selbst* Fristen! Nehmen Sie sich eine erfolgreiche Persönlichkeit zum Vorbild. Fragen Sie sich in kniffligen Situationen: Wie hätte sich Peter Ustinov (oder wen immer Sie auserkoren haben) jetzt verhalten?

So planen Sie richtig Sie fahren morgens zur Arbeit, um an einem bestimmten Projekt zu arbeiten. Und fragen sich auf dem Heimweg, warum Sie den ganzen Tag nicht dazu gekommen sind.

simplify-Lösung: Sie hatten keinen wirklichen Plan, sondern eine Art vage Hoffnung. Wer keinen eigenen klaren Plan hat, wird von anderen »verplant«. Wenn Sie etwas schaffen wollen, brauchen Sie einen genauen, schriftlichen Ablauf, möglichst im Stundenrhythmus. Das gilt ganz besonders für große Projekte. Also nicht: »9–12.30 Uhr: Bericht schreiben«, sondern: »9 Uhr: Material sammeln; 10 Uhr: Pause; 10.15 Uhr: Bericht verfassen; 11 Uhr: Frau Link zur Korrektur geben, währenddessen Telefonate erledigen; 11.30: Korrekturen einfügen und ausdrucken; 12 bis 12.30 Uhr: Pufferzeit.« Wenn Sie eine Stunde für eine Tätigkeit einplanen, stellen Sie einen Kurzzeitwecker auf die Hälfte der Zeit, also 30 Minuten. Beim Klingeln sehen Sie, ob Sie »gut in der Zeit« liegen oder »Gas geben« müssen.

So besiegen Sie Ablenkungen und Krisen Die schönsten Zeitplanungen gehen den Bach hinunter, weil Ihnen etwas dazwischenkommt oder Sie irgendeinen Notfall managen müssen.

simplify-Lösung: Über die Hälfte aller »Krisen« sind gar keine. Es sind Probleme, die die Betroffenen wunderbar selbst lösen könnten, wenn Sie außer Haus wären. Machen Sie es wie Winston Churchill, der seine Mitarbeiter anwies: »Unterbrechen Sie meinen Mittagsschlaf ausschließlich im Fall einer Krise. Wobei ich Krise definiere als bewaffnete Invasion der britischen Inseln.«

Zu viel auf einmal Besonders »gute Leute« tendieren dazu, sich voller Vertrauen auf die eigene Leistungsfähigkeit zu viel vorzunehmen. Vor allem Frauen leiden unter dem »Superfrau-Syndrom«: perfekte Hausfrau, Mutter, Kollegin und Partnerin.

simplify-*Lösung:* Arbeiten Sie nicht härter, sondern geschickter. Geben Sie unwichtige Aufgaben ab – auch wenn sie vielleicht reizvoll wären. Erinnern Sie sich an Murphys zweites Gesetz: »Alles dauert länger, als man denkt.« Planen Sie deshalb Pufferzeiten ein. Hören Sie auf, sich einzureden, unter Druck am besten zu arbeiten. Das hat vielleicht manchmal geklappt, aber eine Regel daraus zu machen, wäre fatal. Niemand arbeitet unter Druck wirklich gut – höchstens Menschen, die sonst überhaupt nicht arbeiten.

Finden Sie Ihren Zeitstil

Der teure Terminplaner liegt unbenutzt in der Ecke. All die Techniken, die Ihren Umgang mit der Zeit revolutionieren sollten, scheinen bei anderen zu funktionieren, nur bei Ihnen nicht. Sind Sie ein unverbesserlicher Zeitchaot? Vielleicht liegt es nur daran, dass Sie polychronisch sind, also »vielzeitig«. Der Gegensatz dazu ist monochronisch, »einzeitig«. Jay Lindquist und Carol Kaufman-Scarborough von der Western Michigan Universität glauben nach mehrjährigen Studien, diese beiden menschlichen Zeitmuster entdeckt zu haben.

Monochron: der Konzentrator Monochrone Menschen empfinden Zeit als Linie, als unerbittlichen Ablauf. Sie lieben detaillierte Planung und geregelte Systeme, konzentrieren sich auf eine einzige Aufgabe und werden höchst unproduktiv, wenn sie davon abgelenkt werden. Sie fühlen sich vor allem der übertragenen Aufgabe verpflichtet. Pünktlichkeit und Verlässlichkeit stellen hohe Werte für sie dar. Der Spruch »Zeit ist Geld« könnte von ihnen stammen.

Die USA und Deutschland gelten als klassische monochrone Arbeitskulturen. Die Konzentration auf eine Aufgabe wird außerdem häufig als typisch männliche Eigenschaft betrachtet.

Vorteil der Monochronen: Sie sind sehr effizient, wenn sie ohne Unterbrechung arbeiten dürfen. Ihr Nachteil: Sie bleiben allerdings auch dann standhaft beim einmal eingeschlagenen Weg, wenn sich längst lohnendere Alternativen aufgetan haben. Zusätzliche Arbeit lehnen sie meist ab, weil sie sich nicht überfordern möchten. Daher gelten sie gerade in Krisensituationen als unkollegial oder gar egoistisch.

Polychron: der Multitasker Polychrone Menschen dagegen haben lieber mehrere Projekte gleichzeitig am Laufen, zwischen denen sie hin- und herwechseln können. Sie fühlen sich weniger der Aufgabe als vielmehr den beauftragenden Menschen verbunden. Wichtiger als Exaktheit sind ihnen gute menschliche Beziehungen, die sie langfristig im Auge behalten. Ihrer Meinung nach müsste es doch jeder einsehen, dass gute Qualität wichtiger ist als ein sklavisch genau eingehaltener Abgabetermin.

Länder, die polychrone Arbeitsweisen bevorzugen, sind Frankreich und Südamerika. Zeit empfinden Polychrone als eine von ihnen formbare und veränderbare Größe – eine Einstellung, die bisher als typisch weiblich galt. Es gibt jedoch durchaus monochron arbeitende Frauen und eindeutig polychrone Männer.

Vorteil der Polychronen: Störungen machen ihnen wenig aus. Vor Stressprojekten scheuen sie nicht zurück. Ihr Nachteil: Sie neigen dazu, sich zu überschätzen. Sie sagen gerne von sich, sie könnten unter Druck besonders gut arbeiten. Das stimmt nur zum Teil: Tatsache ist, dass sie ohne Druck zum Faulenzen und Trödeln neigen.

In der Vergangenheit galt ein überforderter Mitarbeiter als unflexibel oder schlecht organisiert. Meistens aber, so Lindquist, ist er nur an einer Stelle eingesetzt, die ein ihm fremdes Zeitmuster verlangt. Die Anforderungen an Buchhalter oder Ingenieure beispielsweise sind überwiegend auf monochrone Zeittypen zugeschnitten. Marketingleute, Verkäufer und jede Art von Managern dagegen benötigen polychrone Fähigkeiten. Es zeichnet sich übrigens ab, dass die monochronen Jobs zurückgehen und die polychronen Tätigkeiten besser bezahlt werden.

Tipps für Polychrone »Multitasking«-Typen möchten unterhalten, gelobt und ermuntert werden. Wenn Sie es mit einem Polychronen zu tun haben, halten Sie unbedingt zu ihm Kontakt und suchen Sie Berührungspunkte auf der menschlichen Ebene. Sie bekommen das größte Stück vom flexiblen Zeitkuchen eines Polychronikers, wenn er Sie mag. Auch wenn Polychrone jammern und stöhnen – sie lieben und brauchen Zeitdruck, um Aufgaben zu beenden. Legen Sie nicht nur den Endtermin fest, sondern unterteilen Sie den Auftrag in kleinere Zwischenziele. Machen Sie aus dem einen großen Zeitdruck also mehrere kleinere.

Wenn Sie selbst polychron sind, bedenken Sie: Sie können drei Aktivitäten nebeneinander tun, aber dann darf keine davon wirklich wichtig sein. Wickeln Sie Ihre täglichen Routinen (Telefonieren, E-Mail, Aufräumen, Blumen gießen usw.) in Ihrem geliebten polychronen Stil ab, nicht aber die echten Prioritäten – die ja in der Regel zu der Art von Aufgaben gehören, die Ihre ganze Aufmerksamkeit beanspruchen. Diese gehören an den Beginn Ihres Tages, bevor Sie auch nur eine einzige Routinetätigkeit beginnen. Belohnen Sie sich und Ihre Auftraggeber mit Qualität. Das schriftliche Verfassen einer Prioritätenliste ist für Sie unersetzlich.

Kontrollieren Sie Ihre Unterbrechungen – und nicht umgekehrt. Polychrone Zeittypen klagen zwar über die häufigen Störungen, in Wirklichkeit aber lieben sie die dadurch entstehende Abwechslung und wenden sich Neuem begeistert zu. Durchschauen Sie sich! Machen Sie jedem unangemeldeten Besucher, Anrufer und Ihren selbst geschaffenen Störungen klar, was gerade die Hauptsache ist und dass Sie sich dieser sehr bald wieder zuwenden müssen. Geben Sie Unterbrechungen niemals das Gefühl, willkommen zu sein!

Tipps für Monochrone Monochrone machen sich nicht viel aus Anerkennung. Sie arbeiten nicht für ihren Auftraggeber, sondern für die Sache. Wenn Sie diese sachliche Begeisterung

teilen (und inhaltlich gut darüber Bescheid wissen), führen Sie dem Monochroniker Energie zu: Sprechen Sie von Anfang an über den endgültigen Abgabetermin und machen Sie die Priorität Ihres Auftrags klar. Hat sich der Monochrone erst einmal zu einer Zusage durchgerungen, ist darauf Verlass.

Polychrone überschätzen ihre Leistungsfähigkeit, Monochrone neigen zum Gegenteil. Sie horten Zeitpolster und

feilen auch an längst fertigen Werken noch unzufrieden herum. Wenn Sie selbst monochron sind, nehmen Sie sich daher vor, die nächste Aufgabe nur noch 80-prozentig zu erledigen und Ihre Zeitvorräte großzügig für anderes zu verwenden – etwa für die vergessenen Arbeiten. Denn eine Unsitte Monochroner ist das Aufschieben. Aus Sorge, die Aufgabe nicht erstklassig zu erledigen, wird sie gar nicht erst begonnen. Das tun Polychrone zwar auch, aber monochron arbeitende Menschen sind sich dabei oft gar keiner Verfehlung bewusst, weil die Enttäuschung ihrer Auftraggeber außerhalb ihrer Wahrnehmung liegt. Dadurch entstehen immer wieder Irritationen. Sagen Sie dem Perfektionismus Ade und überraschen Sie Ihre Auftraggeber mit Quantität!

Sparen Sie sich das Zeitsparen

»Sie werden es niemals schaffen, die Zeit in den Griff zu bekommen. Die Zeit hat immer uns im Griff.« So lautet die schonungslose Analyse des Münchner Wirtschaftsprofessors und Zeitforschers Karlheinz A. Geißler. Doch er betrachtet seine Botschaft nicht als schlechte Nachricht, ganz im Gegenteil: »Die richtigen Dinge tun, heißt *in* der Zeit zu leben und nicht gegen sie.« Die Moral aus dieser Einsicht: Sie sparen am meisten Zeit, indem Sie sich das Zeitsparen ersparen. In der Zukunft machen wahrscheinlich nicht die Überpünktlichen Karriere, sondern die Flexiblen, die sich die Zeit zum Freund gemacht haben. Hier ein paar Kniffe, mit denen Sie das auch schaffen.

Schaffen Sie zeitfreie Zonen Gestalten Sie den Raum, in dem Sie kreativ arbeiten und innere Freiheit für neue Ideen brauchen, ohne Uhren und andere Geräte, die die Zeit anzeigen. Arbeiten Sie, wenn es die Witterung und die Art Ihrer Arbeit zulässt, immer wieder einmal im Freien, und zwar ohne Armbanduhr. Nehmen Sie den Sonnenstand und andere Phänomene als Zeitmesser. Arbeiten Sie zum Beispiel an einem Nachmittag so lange, bis es Ihnen zu kalt wird, die Sonne untergeht oder auffallend viele Menschen aus den Büros kommen. Probieren Sie es wenigstens ein einziges Mal, damit Sie den fantastischen Effekt erleben: Wenn Sie sich räumlich vom gewohnten Trott entfernen, befreien Sie auch Ihre Zeit aus dem Würgegriff der alltäglichen Pflichten.

Suchen Sie sich ein Hobby, bei dem Sie keine Uhr brauchen, sondern Geduld: im Garten arbeiten, ein Schiffsmodell bauen, Wandern oder Segeln. Gestalten Sie möglichst auch Ihren Urlaub als zeitfreie Zone und verreisen Sie ohne Uhr. Nutzen Sie die Aufmerksamkeit anderer: Der Hotelportier soll Sie am Abreisetag rechtzeitig wecken. Richten Sie sich bei den Essenszeiten allein nach Ihrem Magen, nicht nach der Uhr. Nehmen Sie es lässig in Kauf, dass Sie nach der Schließung des Lokals nur noch einen Snack bekommen. Verzichten Sie im Urlaub bewusst auf Zeitung, Radio und Fernsehen.

Verzaubern Sie unangenehme Arbeiten Wenn über Ihren unangenehmsten alltäglichen Aufgaben, etwa dem Putzen oder der Aktenablage, ein großes Transparent mit einer Parole hinge, was stände darauf? »Niemand hilft mir« oder »So tief bin ich gesunken«? Entwerfen Sie neue, Mut machende Überschriften: »Das ist die Arbeit, die mich erdet« oder »Stunden der Einfachheit«. Auch die eintönigen Arbeiten müssen getan werden, ob Sie darüber böse sind oder nicht. Warum sie dann nicht mit guten Empfindungen verbinden?

Mönche und Nonnen müssen ihre Klöster in der Regel selbst putzen – weil die einfachen Arbeiten eine besondere spirituelle Dimension haben. Das ist bei den Buddhisten genauso wie in christlichen Orden. Besonders weit entwickelt hat diese Kultur der heilige Benedikt:

»Betrachte alle Geräte und allen Besitz des Klosters als heiliges Altargerät.« Eine Aufspaltung in Weltliches und Heiliges war ihm fremd.

Der libanesische Dichter Khalil Gibran sagt: »Arbeit ist sichtbar gemachte Liebe.« Die Liebe besteht dabei nicht darin, etwas Außergewöhnliches zu tun, sondern die gewöhnlichen Dinge des Lebens einfühlsam und sachgemäß zu erledigen. Etwas Einfaches mit außergewöhnlicher Meisterschaft durchzuführen, sodass man vom Werk der eigenen Hände gepackt ist, kann auch eine Art der Meditation sein.

Um das einzuüben, beginnen Sie mit einer Routinearbeit, die Sie gerne tun, denn bei Ihrer Lieblingstätigkeit fällt das Meditieren am leichtesten. Wenn es dort funktioniert, werden Sie es bald auch bei den unbeliebteren Pflichten schaffen. Sorgen Sie dafür, dass Sie während Ihrer Arbeit ungestört sind. Teilen Sie den anderen mit, dass Sie die nächste Stunde allein bleiben wollen. Leisten Sie sich für Ihre Routinearbeiten neue, schöne und einwandfrei arbeitende Werkzeuge. Gestalten Sie Ihren Arbeitsraum angenehm, mit einer Pflanze, einer Kerze oder etwas anderem, das Ihnen gut tut. Auch ruhige Musik, die sich nicht in Ihr Bewusstsein drängelt, ist geeignet.

Entdecken Sie das Gleichnishafte in Ihrer Arbeit. Wenn Sie den Teppich saugen oder den Fliesenboden wischen, entfernen Sie Schmutz. Wenn Sie Papiere abheften, finden Sie für Heimatloses einen guten Platz. Mit jedem äußeren Reinigungs- oder Ordnungsvorgang ist auch ein innerer verbunden. Die Kraft, mit der Sie Ihre äußere Umgebung gestalten, können Sie auch für die Gestaltung Ihrer Gefühle und Stimmungen nutzen.

Verjagen Sie Gedanken, die Sie von Ihrer Arbeit wegziehen (»Was könnte ich jetzt nicht viel Sinnvolleres und Schöneres tun!«). Damit wäre Ihr Körper an einem anderen Ort als Ihre Seele, und das verursacht immer mentale und oft auch körperliche Schmerzen. Wenn es Ihnen gelingt, sich nur auf die momentane Arbeit zu konzentrieren, können Sie ruhig und froh werden – selbst bei eigentlich widerlichen Aufgaben. Menschen, die gelernt haben, so mit ihren ungeliebten Tätigkeiten umzugehen, berichten von einer verblüffenden Erscheinung: Seit sie diese Arbeiten nicht mehr als Strafe oder Qual empfinden, bieten andere Familienmitglieder oder Kollegen viel häufiger ihre Mithilfe an.

Geben Sie Ihrem PC regelmäßig frei Nichts frisst so viel Zeit wie die heiß geliebte Zeitsparmaschine Computer. Es wäre unrealistisch, hier zur Abschaffung dieser eigentlich auch wundervollen Apparate aufzurufen. Aber bauen Sie in Ihren Tagesablauf immer wieder bewusst computerlose Arbeiten ein. Schreiben Sie kurze Briefe und Faxe von Hand, am besten mit einem guten Füller. Sie werden staunen, was für eine schöne Handschrift Sie mit der guten alten Feder bekommen.

Formulieren Sie Vorträge nicht wortwörtlich am PC, sondern skizzieren Sie nur Ihre Stichpunkte auf einer Karteikarte – so machen es die meisten Fernsehmoderatoren und professionellen Redner. Der psychologische Hintergrund: Von einem handgeschriebenen Wort lösen Sie sich leichter ab, es gibt Ihnen Freiheit, Emotionalität und Selbstvertrauen. Ein gedrucktes Wort dagegen vermittelt Ihrem Unbewussten: Hier sind die Grenzen, hier herrschen Sachlichkeit und »Buchstabentreue«. Bei einer Präsentation vor einem überschaubaren Hörerkreis verzichten Sie ruhig auf die ewig gleichen bunten Power-Point-Grafiken. Illustrieren Sie Ihre Rede stattdessen mit »live« gezeichneten Skizzen auf einem Flipchart oder einem großen Blatt Papier, das Sie in die Mitte der Runde legen.

Lernen Sie, ein einfaches Männchen zu zeichnen, mit dem Sie Ihre Botschaften (Handzettel, Mitteilungen, Protokolle) verzieren. Selbst ein schlecht selbst gemaltes Figürchen wirkt viel persönlicher als ein perfektes, das sie irgendwo ausgeschnitten oder aus dem Internet heruntergeladen haben. Variieren Sie Ihr Männchen (oder Tierchen) möglichst jedes Mal. Es ist dann ganz leicht, andere an Ihre Nachricht zu erinnern: »Der Zettel mit dem Mondmännchen drauf!«

Lernen Sie die Kunst des Nichtstuns

Es gibt Zeiten, da scheint sich alles gegen Sie zu verschwören: Zur Erkältung kommen Stress in der Partnerschaft und Ärger im Beruf, die Bank macht Probleme, die Zeit reicht hinten und vorne nicht für all das, was Sie sich vorgenommen haben und was andere von Ihnen erwarten. Ihr bisschen Leben verdichtet sich zu einem Knäuel schwärzester Gedanken, die alle auf die Erkenntnis hinauslaufen: »Von nun an geht's bergab.«

Der Hauptgrund für das nagende Gefühl der Unzufriedenheit und Depression ist die ungenaue Empfindung: »Mir fehlt etwas.« Viele unglückliche Menschen meinen, sie müssten ihrem Leben eine weitere wesentliche Zutat hinzufügen, um aus dem Tal herauszukommen. Meist haben sie schon einiges probiert: ein neues Hobby, einen anderen Beruf, einen neuen Lebenspartner oder sonst einen Kick. Damit Ihr Leben aber wirklich wieder einfacher und glücklicher wird, sollten Sie ihm eine wichtige Zutat gönnen, die die meisten Menschen übersehen: das Nichts. Ihr Leben braucht nicht *mehr* von irgendetwas, ja nicht einmal *weniger* von irgendetwas. Sie müssen weder etwas bekommen noch brauchen Sie etwas abzugeben. Sie sollten nur endlich einmal genau in der Mitte verweilen: im Nichts.

Das Nichts als Richtungsweiser Nichtstun, Herumhängen und Stille werden als unproduktiv empfunden. Dabei ist genau das Gegenteil der Fall: Ein Mensch ohne Nichtstun ist wie ein Flugzeug, bei dem alle Navigationsinstrumente entfernt wurden, damit mehr Platz für Treibstoff ist. Wenn Sie vollkommen damit beschäftigt sind, Ziele zu erreichen, verlieren Sie die Fähigkeit zu erkennen, welche Ziele sich lohnen und warum.

Das Nichts, das wir Ihnen empfehlen, ist mehr (man könnte auch sagen: weniger) als nur Nichtstun. Es ist auch Nichtdenken, Nichtplanen und Nichtträumen. Mystiker und Philosophen aus allen Kulturkreisen haben immer wieder versucht, das Paradoxe des Nichts in Worte zu fassen. Buddha beginnt seine Lehre über die Erleuchtung mit den Worten: »Es kann nicht gelehrt werden.« Die

Zen-Meister Japans nennen es den »leeren Spiegel«, in den der Meditierende blicken soll, ohne sich darin zu spiegeln. Die berühmteste Geschichte im jüdisch-christlichen Denken ist die Gottesbegegnung Elias am Berg Horeb (1. Könige 19): Gott ist nicht im Sturm, nicht im Erdbeben, nicht im Feuer. »Und danach kam ein stilles, sanftes Sausen.« Als Elia das hörte, verhüllte er sein Gesicht und trat vor die Höhle, in der er Schutz gesucht hatte. In der Erzählung heißt es nicht plump »Gott war im Sausen«. Nein, die entscheidende Erfahrung ist eine Begegnung mit dem Nicht-Sturm, dem Nicht-Feuer. Erst wo wirklich Nichts ist, jenseits der Suche, dort berührt der Mensch endlich die andere Dimension.

Sichern Sie dem Nichts einen festen Platz In einer terminorientierten Welt müssen Sie auch für das Nichts einen Termin vorsehen. Verankern Sie es fest in Ihrem Tageslauf, als wichtigste »Besprechung« des Tages. Gestatten Sie keinen anderen Prioritäten, sich darüber hinwegzusetzen. Geben Sie Ihrem Nichts auch eine zeitliche Dimension – gut bewährt hat sich eine Viertelstunde. Machen Sie anderen und vor allem sich selbst klar, dass Sie in den 15 Minuten des Nichtstuns völlig beschäftigt sind. Keinerlei Aktivitäten oder Gedanken haben in dieser Zeit noch Platz! Martin Luther hat es einmal so ausgedrückt: »Heute habe ich besonders viel zu tun. Deshalb muss ich heute besonders viel Gebetsstille haben.«

Schalten Sie während dieser Viertelstunde Ihren Körper auf »nicht spürbar«. Natürlich ist es unmöglich, dass Ihr Körper nichts tut. Das Herz schlägt und die Atmung geht weiter. Die klassische Meditation bedient sich daher eines Tricks: Sie macht genau diese Körperaktivitäten zu ihrem Inhalt. Während Sie sich auf Herzschlag und Atem konzentrieren, nähern Sie sich dem Nichts. Das erfordert Übung. Wenn Ihnen der Hintern oder der Rücken schmerzt, ist das meditative Abschalten unmöglich. Wählen Sie deshalb eine Position oder Bewegung, bei der Ihr Körper am wenigsten stört. Manche Menschen erleben das beim Sitzen oder Liegen, andere beim Laufen, Rollschuhfahren oder Schwimmen.

Entspannen Sie Körper und Geist Hier eine besonders schöne und wirksame Übung zur Entspannung Ihres Körpers: Stellen Sie sich vor, Sie wären der Bogen eines Schützen. Nun spannen Sie den Bogen einmal an (Sie atmen tief ein), halten die Spannung (Sie halten den Atem an) und haken dabei die Sehne des Bogens aus. Atmen Sie danach aus und spüren Sie, wie sich Ihr Bogen viel stärker entspannt, weit über den Punkt hinaus, an dem ihn sonst die Sehne gehalten hätte. Sagen Sie sich dabei in der Stille: »Ich entspanne mich. Ich entspanne meinen Körper. Ich entspanne meine Gedanken.«

Zur Entspannung gehört, dass auch Ihr Geist in den Leerlauf schaltet. Die grandiose Apparatur in Ihrem Kopf lässt sich allerdings nicht einfach stoppen. Dazu bedarf es wieder eines Kniffs: Machen Sie es wie mit Ihrem Körper und halten Sie Ihre Gedanken nicht an, sondern sehen Sie ihnen zu und lassen Sie sie einfach geschehen. Erfinden Sie ein Bild dazu, das Ihnen sympathisch ist: beispielsweise einen tosenden Wasserfall, durch den Sie langsam gehen, um sich dann dahinter in einer ruhigen und stillen Höhle wiederzufinden. Oder Sie landen wie von Zauberhand auf einer wunderbaren unbewohnten Insel. Von einem riesigen Stein am Strand aus blicken Sie auf das Meer hinaus und finden Ruhe.

Eine andere Methode, die sich sehr bewährt hat: Stellen Sie sich beim Ausatmen vor, wie sich auf Ihrem Körper in einer etwa handbreiten Schicht ein unsichtbarer, nach unten strömender Fluss bildet. Auf dieser Art von Oberfläche haben die Belastungen keinen Halt mehr. Langsam rutschen Sie von Ihnen ab. Grübeln Sie nicht darüber, was genau das für Lasten sind, sondern sehen Sie ihnen einfach nur erleichtert nach. Freuen Sie sich, wie Sie die bisherige Schwere verlässt. Sagen Sie sich in Gedanken: »Ich entspanne meine Sorgen. Ich entspanne meine Ängste.« Finden Sie Ihre persönliche Ausdrucksform für Ihr »Nichts«.

Kommen Sie zurück Wenn Sie wirklich das Nichts erlebt haben, kann es ausgesprochen mühsam werden, sich wieder auf das Treiben des Alltags einzulassen. Stellen Sie sich als Übergang dorthin den schönsten Platz auf der Erde vor, an dem Sie je waren. Vielleicht eine Hütte am Meer, eine Bergspitze mit 100 km weitem Blick oder einen winzigen einsamen Teich. Gehen Sie am Ende Ihrer Nichts-Erfahrung an diesen persönlichen »Ort des Friedens« und kehren Sie von dort ins Hier und Jetzt zurück. Können Sie sich noch an die Probleme erinnern, die Sie vor 15 Minuten in die Verzweiflung getrieben haben? Natürlich sind sie noch da, aber sie haben die Fronten gewechselt. Jetzt beherrschen Sie Ihre Probleme – und nicht mehr umgekehrt!

Werkzeuge
für Ihre Zeitplanung

Es ist eine Kunst, Dinge so zu erledigen, dass dabei keine Hektik aufkommt. Wenn Sie diese Kunst nicht beherrschen, können schon harmloseste Angelegenheiten Panik auslösen: Sie befassen sich mehr mit Ihrer Zeitnot als mit der eigentlichen Aufgabe. Das ist nicht nur ungesund, sondern auch höchst uneffizient.

Die Kunst der Priorität

Wenn Sie aber die Kunstfertigkeit erlernen, die Ihnen zur Verfügung stehende Zeit und Ihre Aktivitäten aufeinander abzustimmen, wird Ihre Arbeit Ihnen gerade in hektischen Phasen Energie zuführen und Vergnügen bereiten. Mit den folgenden simplify-Tipps wird Ihnen das gelingen.

Schotten dicht! Grundregel 1 für Stressphasen: Auftragsstopp! Werden Sie gegenüber neuen Anforderungen, die man an Sie heranträgt, extrem skeptisch: Ist dieser Termin wirklich notwendig? Lässt er sich verschieben oder am besten ganz streichen? Das muss jetzt ein anderer erledigen! Bedenken Sie: In überreizter Stimmung ist Ihre Wahrnehmung für Wichtiges und Unwichtiges meist getrübt. Verlassen Sie sich auf die Faustregel: Wenn Sie genervt sind, lehnen Sie alles Zusätzliche ab.

Machen Sie Bestandsaufnahme Grundregel 2 für Stressphasen: Schreiben Sie auf, was Sie derzeit belastet. Notieren Sie hinter jedem Punkt, was getan werden muss, damit Sie wieder erleichtert sind. Tun Sie es wirklich, denn Gedanken allein genügen nicht. Es gibt keine Prioritätenplanung ohne Papier! Versuchen Sie nicht, dadurch Zeit zu sparen, indem Sie so eine Bestandsaufnahme unterlassen. Sie ist der beste Verwendungszweck für Ihre Zeit überhaupt. Wenn Ihre Liste recht lang zu werden droht, notieren Sie jede wichtige Aufgabe lieber auf einen einzelnen Post-it-Zettel, dann können Sie die Reihenfolge leicht ändern.

Denn der nächste Schritt besteht darin, Ordnung in Ihre Aufgaben, Termine und Sorgen zu bringen. In geschäftigen, prall mit Verpflichtungen angefüllten Zeiten verlieren auch Profis schnell den Überblick und verfallen in die so genannte »operative Hektik«, ein zielloses, gestresstes Beschäftigtsein.

Was hat oberste Priorität? Bei der Aufstellung von Prioritätenlisten gibt es drei Kniffe, die oft unbeachtet bleiben, aber diese Aufgabe sehr vereinfachen:

• *Setzen Sie sich selbst auf Platz 1.* Ihre Gesundheit, regelmäßige Bewegung, richtige Ernährung, ausreichend Schlaf und Zeit für Partnerschaft und Liebe sind wichtiger als alles andere. Wenn Sie nicht rundum gesund sind, verlieren alle anderen Prioritäten schlagartig ihren Wert. Uns haben Menschen berichtet, dass sie allein schon durch das Niederschreiben der Zeile »1. Ich und meine Gesundheit« ruhiger und innerlich befreiter geworden sind.

- *U nach oben!* U steht dabei für »unangenehm«. Auf die vorderen Plätze gehören Aufgaben, die wichtig sind und die Sie aus verschiedensten Gründen immer wieder verschoben haben – meist, weil sie eine kleine oder große Unannehmlichkeit enthalten, die etwas Überwindung kostet. Der Grund, mit diesen Sachen anzufangen, ist psychologisch clever: Wenn Sie eine U-Aufgabe erledigt haben, fühlen Sie sich doppelt gut. Stellen Sie Ihre netten kleinen Wünsche und alle Aktionen, die Sie mit Freuden tun, an das Ende Ihrer Liste.

- *Lassen Sie sich helfen.* Streichen Sie alle Aufgaben von Ihrer Liste, die Sie nicht selbst ausgeführt können. Die Probleme anderer gehören auf deren Prioritätenliste, nicht auf Ihre. »Bessere Schulnoten für Sven« ist eine Aufgabe, für die Sven zuständig ist. Machen Sie ihm klar, dass Sie das Problem ihm überlassen und auf ihn vertrauen. »Hartmann beim Jahresbericht helfen« war gestern – jetzt muss Hartmann es allein schaffen. Gibt es Punkte auf Ihrer Liste, bei deren Erledigung Sie die Mithilfe anderer in Anspruch nehmen können? <u>Seien Sie bereit, Ihre Last mit anderen zu teilen.</u> Zeigen Sie Ihrem Ehepartner Ihre Aufgabenliste – auch die Pflichten, für die Sie sich vielleicht schämen, dass Sie sie sich haben aufhalsen lassen. Ihre Arbeit fällt Ihnen leichter, wenn Sie wissen, dass Ihr Partner alle Ihre Aufgaben und Schwierigkeiten kennt.

Bestimmen Sie Gold, Silber und Bronze Wenn Sie die Reihenfolge Ihrer drängendsten Aufgaben festgelegt haben, kümmern Sie sich vor allem um die Top 3. Basteln Sie sich drei kleine Aufsteller, am besten in Goldgelb, Silbergrau und Bronzebraun, und schreiben Sie jeweils

das Stichwort Ihrer drei <u>Top-Prioritäten darauf. Wählen Sie dabei nicht die drei dringendsten, sondern</u> die drei <u>wichtigsten Aufgaben (auf dem goldenen Schild steht also »meine Gesundheit«).</u> Platzieren Sie diese drei Schilder auf Ihrem Schreibtisch oder wo Sie sonst am häufigsten arbeiten.

Verankern Sie Ihre Prioritäten im Kalender. <u>Versehen Sie jeden Punkt Ihrer Liste mit einem realistischen, aber klar</u>

definierten Datum (also nicht »nächsten Monat«, sondern 30. 3. 2005). Prüfen Sie, welche Aufgabe vor einer bestimmten anderen erledigt sein muss.

Lieben Sie Ihre Priorität Eliminieren Sie alle Unterbrechungen und Ablenkungen: kein Telefon, keine E-Mails, keine Spaziergänge zur Kaffeemaschine und keine Schwätzchen auf dem Flur. Solange die Priorität unerledigt ist, stellen Sie sich vor, Sie wären ein einsamer Marathonläufer, ein Bergsteiger auf dem Weg zum Gipfel, ein Einhandsegler bei der Weltumseglung oder was immer Ihnen als Bild dazu in den Kopf kommt.

Gewöhnen Sie sich an, beim Annehmen einer Aufgabe leicht tief- und beim Erledigen hochzustapeln: Liefern Sie etwas mehr als vereinbart oder schneller als erwartet (aber nicht zu früh, sonst gelten Sie als unterbeschäftigt).

Machen Sie das Setzen von Prioritäten zu Ihrer Königsdisziplin. Werden Sie ein Meister im Erledigen des Wichtigen und ein Stümper beim Ausführen des Unwichtigen. Niemals umgekehrt!

To-do-Schulden auflösen

Ein Gefallen, den Sie jemandem versprochen, aber nicht erfüllt haben; ein Brief, den Sie seit Monaten schreiben wollen; ein Auftrag, den Sie angenommen, aber immer noch nicht begonnen haben – unerledigte Aufgaben, große und kleine, können mindestens so unglücklich machen wie ein dickes Dauerminus auf Ihrem Konto. Aber hierin liegt auch schon der Weg zur Rettung: Denn so, wie Sie mit der richtigen Strategie finanzielle Defizite abbauen können, geht das auch beim Pflichtenstau. Mit den folgenden Punkten kommen Sie aus der Falle Ihrer nicht eingelösten Versprechungen, die der tiefere Grund für das Entstehen der vielen *u*nangenehmen Punkte auf Ihrer Prioritätenliste sind.

Lässt sich die Schuld löschen? Prüfen Sie, ob Sie die versprochene Aufgabe nicht vollständig annullieren können. Dazu brauchen Sie viel Mut. Aber bedenken Sie, wie viel Schmerz und Ärger Sie die unerledigte Angelegenheit bereits gekostet hat und noch kosten wird, wenn Sie nicht handeln! Gehen Sie direkt auf den Betroffenen zu und sagen Sie ihm, dass Sie die zugesagte Aufgabe nicht schaffen. Demütigen Sie sich dabei nicht selbst und machen Sie sich nicht klein. Stehen Sie aufrecht und sagen Sie die Wahrheit gerade heraus, auch wenn sie unangenehm ist. In den meisten Fällen werden Sie darüber erstaunt sein, dass der andere schon damit gerechnet hat.

Hüten Sie sich vor Neuverschuldung. Die gefährlichste Versuchung nach einem derartigen Schuldenerlass besteht darin, dass Sie sich zu neuen Versprechungen hinreißen lassen. Schätzen Sie sich selbst realistisch ein und überfordern Sie sich nicht aufs Neue.

Lässt sich die Schuld vermindern? Wenn sich die versprochene Aufgabe nicht wieder absagen lässt, kämpfen Sie wenigstens um etwas Rabatt. To-do-Schulden haben die unangenehme Eigenschaft, mit fortschreitender Zeit immer gewaltiger zu wirken. Angenommen, Sie wollten jemandem einen ausführlichen Brief schreiben. Je länger Sie damit warten, umso länger wird dieser Brief in Ihrer Vorstellung – und genau deswegen schieben Sie ihn ja vor sich her. Schrauben Sie Ihre eigenen Erwartungen herunter: Schreiben Sie keinen langen Brief, sondern nur einen ganz kurzen. Oder rufen Sie nur an, was häufig sogar die freundlichere Lösung ist. Jedenfalls werden Sie staunen, dass To-do-Schulden häufig Scheinriesen sind, wie die Gestalt des Herrn Turtur in der Geschichte von Jim Knopf: Sie wirken nur aus der Entfernung riesig. Wenn Sie sich endlich entschlossen haben, das Ganze zu erledigen, schrumpfen sie auf ihre wahren Dimensionen.

 Outen Sie sich gegenüber anderen. Stehen Sie dazu, dass Sie sich übernommen haben und sammeln Sie Verbündete: Ihren Lebenspartner, die Kinder oder hilfreiche Freunde. Legen Sie mit ihnen zusammen einen Zeitraum fest, in dem Sie die aufgelaufenen Arbeiten erledigen. Malen Sie sich aus, wie schön es sein wird, wenn Sie sich endlich davon befreit haben. Arbeiten Sie dabei mit der selten benutzten zwei-

ten Zukunftsform der deutschen Sprache, die »eine vollendete Handlung in der Zukunft« beschreibt. Sagen Sie also nicht »Ich werde dieses unangenehme Gespräch mit dem Chef führen«, sondern »Ich werde dieses unangenehme Gespräch mit dem Chef geführt haben« – und es wird ein gutes Gespräch gewesen sein. Wenn Sie Ihre Aufgaben so formulieren, nehmen Sie nicht die Schwierigkeiten vorweg, sondern bereits die geglückte Lösung.

Gehen Sie beim Ausführen der aufgeschobenen Aufgabe ökonomisch vor: Erledigen Sie die Sache gut, aber nicht perfekt. Genießen Sie den Fortschritt während Ihrer Arbeit. Spüren Sie, wie Sie Ihrem Ziel näher kommen. Das hilft Ihnen, die unangenehmen Seiten der Aufgabe zu ertragen (wäre sie angenehm, hätten Sie sie ja nicht so lange aufgeschoben). Lassen Sie sich nicht mehr ablenken.

Das Ende der To-do-Liste

Nun haben wir Sie zum Erstellen einer Aufgabenliste mit Prioritäten motiviert. Das ist ein wichtiger Schritt zu einem bewussten simplify-Leben, aber noch näher am simplify-Ideal sind Sie, wenn Ihre To-do-Listen immer kürzer werden oder Sie gar keine mehr brauchen – weil Sie die meisten Dinge sofort erledigen! Wie Sie dennoch den Überblick behalten, erfahren Sie hier.

Beherzigen Sie die Drei-Minuten-Regel Ein typisches Beispiel für das Aufschieben ist Ihre tägliche Post. Sie öffnen die Briefe und bilden Häufchen: wegwerfen, weitergeben, selbst erledigen.

Nun sind Antwortbriefe zu verfassen oder Formulare auszufüllen, was Sie gut sofort – beim ersten Anlesen des Schreibens – erledigen könnten. Sobald Sie dafür jedoch irgendwelche Informationen benötigen, landet die frisch begonnene Aufgabe meist auf einem Stapel und der Zeitpunkt ihrer weiteren Bearbeitung ist auf unbestimmt verschoben.

Setzen Sie sich als Zeitlimit drei Minuten, und betrachten Sie die Sofort-Erledigung der Aufgabe als sportliche Herausforderung: »Wenn ich die erforderlichen Infos innerhalb der nächsten drei Minuten bekomme, erledige ich das Ding sofort!« Sie werden überrascht sein, was sich in lächerlichen drei Minuten alles schaffen lässt: ein Anruf, in einem Ordner nachschlagen oder im Internet suchen. Auch die meisten Entscheidungen können Sie gut und gerne innerhalb von drei Minuten treffen: Kurze Nachfrage bei einem Kollegen, und Sie wissen, welche Kaffeemaschine angeschafft wird.

Wenn Sie einen Brief sofort beantworten, spielt die Qualität Ihrer Antwort eine untergeordnete Rolle. Der Absender ist beeindruckt von Ihrer Verlässlichkeit und Ihrem Tempo, und die Sache ist erledigt. Besonders bequem funktioniert das bei E-Mails. Der Nachteil bei diesem Medium ist allerdings, dass Ihre Instant-Antwort meist erwartet wird und Sie damit nicht mehr besonders punkten können.

In drei Minuten können Sie vor allem viele Dinge selbst erledigen, deren Delegation auch jeweils mindestens drei Minuten dauern würde. »Tu es selbst!« ist (neben dem notwendigen Delegieren langwieriger Arbeiten) für kleine Jobs ein wichtiges simplify-Prinzip.

Das goldene Büchlein Das Sofortsystem ist pures Gold wert, wenn Sie es zum Notieren Ihrer Einfälle nutzen. Berühmte Künstler jeder Richtung (Maler, Autoren, Komponisten, Philosophen) hatten meist in jeder Lebenslage ein Notizbuch zur Hand, in dem sie ihre spontanen Einfälle festhielten. Wenn Sie Ihren Zeitplaner als Ideenspeicher benutzen, sollten Sie ihn immer bei sich haben. Eine moderne Version des goldenen Ideenbüchleins ist eine Datei namens »Ideen.doc«, die Sie bei der Arbeit mit Ihrer Textverarbeitung stets geöffnet halten. Manche PC-Benutzer wissen gar nicht, dass Sie bei Word und allen anderen Textverarbeitungsprogrammen immer mehrere Dateien gleichzeitig bearbeiten können. Mit der Tastenkombination Strg-F6 schalten Sie schnell zwischen den einzelnen Texten hin und her (oder über den Button »Fenster« in der Menüleiste). Dadurch ist Ihr elektronisches Notizbüchlein nie mehr als einen Tastendruck entfernt!

Diese Technik sollten Sie auch nutzen, wenn Sie an einem Vortrag, einem Artikel, einer Predigt oder etwas Ähnlichem arbeiten. Sobald Sie während einer anderen Aufgabe am PC einen Gedanken dafür bekommen, können Sie per Strg-F6 schnell die Ideen-Datei öffnen und den Geistesblitz sofort dort hineinschreiben. Die geöffnete Datei erinnert Sie außerdem daran, an dem Projekt kontinuierlich weiterzuarbeiten.

Einfacher telefonieren

Viel Zeit, die eigentlich Ihnen gehört, geht durch Telefonieren verloren. Wenn Sie angerufen werden, ist das ein klassischer Fall von Fremdbestimmung. Wie können Sie die Verständigung am Telefon verbessern, den passenden Ton finden und vor allem den richtigen Zeitpunkt für das Gesprächsende setzen? Hier ein paar Tipps des Kommunikationsspezialisten George Walther, der Jahrzehnte lang Menschen trainiert hat, die beruflich viel telefonieren.

Schalten Sie von passiv auf aktiv Rufen Sie an, bevor Sie angerufen werden. Reservieren Sie sich täglich eine bestimmte Zeit fürs Telefonieren. Terminieren Sie wichtige Anrufe exakt – mit einem Eintrag in Ihrem Kalender. Ist der andere nicht zu erreichen, vereinbaren Sie für seinen Rückruf eine genaue Stunde an einem genauen Tag. Geben Sie sich nicht mit vagen Angaben wie »ich rufe später zurück« zufrieden.

Wenn Sie angerufen werden, melden Sie sich mit Vor- und Nachnamen. Denn 90 Prozent der Anrufer nennen dann auch ihrerseits ihren Vornamen und offerieren damit ein Quäntchen Privatheit, was jedem Gespräch gut tut. Wenn Sie kein gutes Namensgedächtnis haben, notieren Sie sich den Namen des Anrufers. Nennen Sie Ihren Gesprächspartner während des Telefonats ab und zu beim Namen (aber bitte nicht zu penetrant).

Fassen Sie sich kurz. Auch wenn eine Telefoneinheit heute viel preiswerter ist als noch vor wenigen Jahren, kostet Telefonieren immer Arbeitszeit. Beginnen Sie keinesfalls mit der Floskel »Wie geht's?«, denn die schaltet das Gespräch sozusagen in den Plaudermodus. Sagen Sie nach einer kurzen freundlichen Begrüßung, was Sie wollen und worum es geht. Halten Sie niemanden unnötig lange am Telefon fest. Eine Uhr am Telefon und eine vorher festgelegte Zeit helfen Ihnen dabei.

Beenden Sie das Telefonat konsequent, wenn alles Wichtige besprochen wurde. Das ist in der Regel nach fünf Minuten der Fall. Nennen Sie beim Abschied den Anrufer noch einmal bei seinem Namen. Das hinterlässt bei Ihrem Gegenüber das gute Gefühl, dass Sie ihn ernst genommen haben. Wenn der Anrufer jedoch bemerkt, dass Sie seinen Namen in der Zwischenzeit vergessen haben, hinterlassen Sie bei ihm einen nachlässigen oder unhöflichen Eindruck, auch wenn Sie das ganz und gar nicht sein wollten.

Erlernen Sie die hörbare Körpersprache Beim Telefonieren wird der Kontakt im Wesentlichen von Ihrer Stimme und deren Tonlage bestimmt. Nutzen Sie das zu Ihrem Vorteil:

Was Sie sagen, ist oft weniger wichtig, als *wie* Sie es sagen. Stellen Sie sich auf Ihr Gegenüber ein, um eine funktionierende Kommunikation herzustellen. Wollen Sie die Aufmerksamkeit des anderen erregen, passen Sie sich seiner Sprechgeschwindigkeit an. So kommen Sie in eine »gemeinsame Zeit«, stellen eine Beziehung her und erwecken Sympathie. Hören Sie aufmerksam zu und gehen Sie lösungsorientiert auf Probleme ein. Halten Sie Zusagen ein, unterbrechen Sie den anderen nicht, hören Sie bewusst zu und geben Sie permanent mündliche Rückmeldungen. Dazu reicht »Hmhm« oder ein kurzes »Ja«.

Ihre Stimme am Telefon folgt Ihrer äußeren Haltung. Wenn Sie zusammengesunken am Schreibtisch hängen, klingen Sie gepresst und müde. Wenn Sie eine aufrechte Haltung einnehmen, kommen Sie frisch und munter bei Ihrem Gesprächspartner an. Telefon-Profis stellen häufig einen Spiegel vor sich, um ihren Gesichtsausdruck während des Telefonats zu überprüfen. Wenn Sie Ihrem Gegenüber unangenehme Botschaften übermitteln müssen, telefonieren

Sie stehend! Ihre Stimme wird dann automatisch fester und selbstbewusster.

Neben dem Klang Ihrer Stimme entscheidet Ihre Wortwahl darüber, wie erfolgreich Ihr Telefonat sein wird. Positiv formulierte Aussagen werden stets rascher verstanden als negative Formulierungen. Streichen Sie folgende Floskeln am besten ganz aus Ihrem Telefonvokabular: »Ich kann nicht«– »Ich muss« – »Ich bin nicht sicher«, »Darf ich Sie unterbrechen?« – »Ich bin nur …«. Gewöhnen Sie sich stattdessen an: »Ich werde« – »Ich kann« – »Ich helfe Ihnen gern«. Spüren Sie die wohltuende Wirkung der letzten Formulierungen? Finden Sie Ihre eigenen Ausdrücke, damit Sie am Telefon authentisch sind.

Notieren Sie richtig Wenn Sie beruflich viel telefonieren und dabei konkrete Vereinbarungen treffen müssen, brauchen Sie ein gutes Formular für Gesprächsnotizen. Vergessen Sie vorgedruckte Telefonnotizen und stellen Sie Ihre eigenen Formulare her: Name des Gesprächspartners, Firma, Telefonnummer, Zeitpunkt, Gesprächsthema und die folgenden drei neuen Punkte:

- »Meine Gefühle und Eindrücke« während des Telefonats
- »Meine Zusagen«
- »Zusagen des Gesprächspartners«

Überarbeiten Sie Ihr Formular während des Telefonierens immer wieder, bis es eine wirkungsvolle Arbeitshilfe für Sie geworden ist. Bewahren Sie Ihre Notizen beim entsprechenden Vorgang auf. Mit einem Blick auf Ihre alten Aufzeichnungen können Sie dann schnell die Einzelheiten eines früheren Telefonats sehen und sind hervorragend für einen weiteren Anruf beim selben Gesprächspartner vorbereitet. Intuition spielt bei Geschäften eine besondere Rolle. Bringen Sie daher während des Telefonierens nicht nur die sachlichen Fakten, sondern auch die Gefühle zu Papier.

Gestalten Sie Ihren Telefonarbeitsplatz Richten Sie Ihren Telefonarbeitsplatz so leistungsfähig und freundlich her, dass Sie gern dort sitzen: ein aufgeräumter Schreibtisch, ein bequemer Bürostuhl, Telefonnotizen und Schreibgeräte in Griffweite. Liegt Ihr Hörer gut in der Hand, fühlt er sich am Ohr angenehm an? Kennen Sie die wichtigsten technischen Kniffe Ihres Apparats (Wahlwiederholung, Weiterverbinden, Freisprechen)? Wenn nicht, machen Sie einen Testanruf bei einem guten Bekannten, mit dem Sie alles einmal ohne Druck ausprobieren können. Wenn Sie viel telefonieren, probieren Sie es einmal mit einem Headset: Bei der Arbeit mit dem Telefon beide Hände frei zu haben, kann eine kleine Revolution Ihrer Arbeit bedeuten.

Immer auf den letzten Drücker?

Einmal erreichte uns folgende Anfrage: »Ich bin Deutschlehrerin und habe oft Berge von Aufsätzen zu korrigieren. Obwohl ich das Korrigieren nicht richtig hasse und manchmal sogar amüsant finde, schiebe ich es stets solange auf, bis ich wahnsinnig unter Druck stehe. 1 000 Einwände finde ich, um die Aufschieberei zu entschuldigen. Meist fühle ich mich zu müde und will das Korrigieren in einem erholten Zustand erledigen. Oder es gibt andere Dinge, die erst einmal Vorrang haben. Oder mir graust es einfach, weil ich nicht weiß, wie ich effektiv, gerecht und fehlerfrei korrigieren kann. Irgendwann wird es so weit kommen, dass ich mich überhaupt nicht mehr zum Korrigieren aufraffen kann und meinen Dienst quittieren muss.«

Aufschieberitis ist keine Katastrophe Die erste und wichtigste Botschaft an alle, die unter Aufschieberitis leiden: Entspannen Sie sich und beenden Sie negative Prophezeiungen (»… dass ich meinen Dienst quittieren muss«). Sie schieben die Dinge vor sich her, weil das gut für Sie ist. Sie arbeiten gut unter Druck. Sie brauchen diesen Kick. Aufschieberitis verwendet Ihr Unbewusstes als Mittel, um Aufgaben prickelnd zu machen.

Aufschieberitis kann aber auch ein Hilferuf, ein Zeichen für Überlastung, sein. Wie anfangs bereits geschildert: In allen Berufen ist die Belastung in den letzten 20 Jahren im Schnitt um 30 Prozent gestiegen. Das Ich-kann-nicht-mehr-Syndrom wird in unserem Land zunehmend zum Lebensfeind Nummer eins. Sie sind gut in Ihrem Beruf, aber Sie bräuchten mal eine Pause aus der Tretmühle – nicht nur Urlaub, sondern eine echte Auszeit. Da das meistens nicht geht, schafft sich Ihre Seele durch das Aufschieben kleine, lebensnotwendige Freiräume.

Auch wenn es sich schmerzlich anfühlt, doch mit diesem Schlendrian hat Sie Ihr inneres Faultier vielleicht schon vor so manchem Herzinfarkt oder Hörsturz bewahrt. Wirklich gesund ist dieses Verhalten aber nicht, sondern lediglich eine Notmaßnahme Ihrer Seele und Ihres Körpers. Überlassen Sie diese Aktivität aber nicht Ihrem Unterbewusstsein, sondern schaffen Sie sich bewusst Freiräume.

Sechs Mittel gegen Aufschieberitis

- *Unperfektion.* Korrigieren Sie beispielsweise als Lehrer ein paar Schulaufgaben extrem schnell und schlampig. Geben Sie außergewöhnlich gnädig gute Noten. Vereinfachen Sie sich Ihren Job eine Zeit lang in geradezu unverantwortlicher Weise.

Priorität hat jetzt die »Aufholjagd«, die Sie erst einmal gewinnen müssen, sonst hecheln Sie noch nach Jahren Ihrem eigenen Plan hinterher.

- *Nothelfer.* Heuern Sie jemanden an, der eine Zeit lang Ihren Job macht. »Geht nicht«, werden Sie sagen und viele Argumente wissen (kein Geld, keine Freunde, keine Zeit …). Probieren Sie es trotzdem und lassen Sie es darauf ankommen! Wenn Sie den angesprochenen Herzinfarkt oder Hörsturz hätten, würde sich ja auch jemand finden, der Sie irgendwie ersetzt, oder eine Methode, die das bisherige Verfahren vereinfacht. Das muss doch auch gehen, ohne dass Ihr Körper Schaden nimmt! Umfragen haben ergeben, dass sich an Aufschieberitis leidende Menschen meist scheuen, um Hilfe zu bitten.

- *Neuorganisation.* Strukturieren Sie Ihren großen Stapel Arbeit neu. Teilen Sie Ihren riesigen Haufen in kleine, menschenfreundlichere auf. Schreiben Sie an jeden ein realistisches Datum, an dem Sie ihn erledigen: 13., 16., 17., 18. Februar. Und seien Sie

kreativ! Alles, womit Sie sich selbst über-
listen könnten, ist erlaubt: Vielleicht sollten Sie einen anderen Arbeitsplatz in Ihrer
Wohnung ausprobieren, eine neue Arbeits-
methode oder auch nur ein neues Schreib-
gerät.

- *Aufräumen.* Dieses
Ich-müsste-eigentlich-
Syndrom produziert fast
immer Papierstapel und anderes
sichtbares Chaos. Solange Ihre horizonta-
len Flächen überquellen von Unerledigtem,
kommen Sie aus dem Hamsterrad nicht heraus. Krempeln Sie deswegen Ihre Ärmel
hoch, entsorgen Sie alles Überflüssige großzügig und bringen Sie den Rest sinnvoll
unter! Warten Sie nicht auf die wunderbare
Phase, in der Sie »endlich einmal Zeit« zum
Entrümpeln haben. Dieser Zeitpunkt kommt
nie. Räumen Sie dann auf, wenn es am meisten bringt: mitten in der größten Belastung,
im ärgsten Stress oder in der schlimmsten
Zeitnot. Zum Schluss gönnen Sie sich ein
paar frische Blumen, Kerzen, Bilder, Duft-
lampen, Musik oder was immer Ihnen gut
tut.

- *Innovation*. Schaffen Sie Neues. Erfinden Sie etwa eine Art von Schulaufgabe, die weniger Arbeit macht. Ein »Geht nicht« gibt es auch hier nicht! Bilden Sie Zweiergruppen, bei der einer die Arbeit des anderen liest, wie ein Redakteur. So bewerten sich die Schüler untereinander. Sie sind bestimmt nicht der erste Mensch, der dieses Problem hat. Hören Sie sich um oder recherchieren Sie im Internet nach Methoden, Tricks und Kniffen anderer.

- *Ihren Körper erleben*. Viel Frust und Aufschieberitis entstehen durch zu wenig Bewegung und Fitness. Sie würden gern mal spazieren gehen, wandern, Radfahren, Schwimmen …, aber natürlich fehlt Ihnen die Zeit dafür, denn eigentlich müssten Sie ja Ihre Arbeit erledigen. Das ist ein Teufelskreis, der sich allerdings relativ leicht durchbrechen lässt. Wann immer Sie einen Hänger haben, gehen Sie an die frische Luft, und zwar sofort! Nach guter körperlicher Betätigung verdoppelt sich Ihre Leistungsfähigkeit.

Das simplify-Zeitplanbuch

Termine, Verabredungen, Adressen, Telefonnummern, To-do-Listen, Ideen, Notizen – benden Sie die Zettelwirtschaft, indem Sie alle entsprechenden Papierchen in einem Zeitplanbuch zusammenfassen. Oder ersetzen Sie das eine oder andere Stück Papier durch Elektronik. Wie Sie die Hilfsmittel für Ihre Zeitplanung einfach und effektiv nutzen, verraten wir Ihnen in diesem Kapitel. Doch vorerst müssen Sie der Wahrheit ins Auge blicken: Ihr Kalender hat viel weniger mit Ihrem Leben zu tun, als Sie denken.

Ihr Kalender belügt Sie

»Am nächsten Donnerstag? Moment, ich sehe in meinen Kalender. Ja, da habe ich Zeit.« Ein

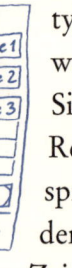

typisches Beispiel für den Irrweg, auf den Ihr Terminplaner Sie schicken kann. Denn in der Regel zeigt ein Kalender nur Besprechungen, Besuche und andere Termine an – nicht aber die Zeit, die Sie für Ihre eigentliche Arbeit benötigen: Post erledigen, Berichte schreiben, neue Ideen entwickeln oder die Ablage machen. Untersuchungen des Schweizer Zeitexperten René Marchand ergaben, dass der Löwenanteil der produktiven Tätigkeiten außerhalb der Ereignisse geleistet wird, die im Kalender stehen. Die wirklich Wert schöpfenden Zeiten tauchen in einem Terminplaner nie auf. Trotzdem gilt ein Mensch mit einem vollen Kalender als besonders fleißig. In Wirklichkeit hat er seine Zeit nur belegt, nicht aber unbedingt gewinnbringend verbracht.

Veranschlagen Sie daher wie ein Handwerker für jede produktive, geistige, kreative und organisatorische Tätigkeit Arbeitsstunden und tragen Sie diese in Ihrem Kalender ein. Erfassen Sie ehr-

lich, wie lange Sie für Ihre typi-
schen Tätigkeiten benötigen.
Zum Beispiel: eine Seite Bericht
verfassen = 40 Minuten; einen Menschen an-
rufen und ihn zu einer Aufgabe motivieren =
15 Minuten. Nehmen Sie als Grundlage nicht
die Glücksfälle, bei denen alles optimal lief
(ein vierseitiger Bericht floss Ihnen an einem
Glückstag in einer halben Stunde aus der
Maschine), sondern den durchschnittlichen
Normalfall. Durch Multiplikation der ermit-
telten Werte erhalten Sie realistische Angaben:
Für einen fünfseitigen Bericht brauchen Sie
laut obiger Angabe also gut drei ungestörte (!)
Arbeitsstunden. Um unter acht Menschen
zwei oder drei zu finden, die einen Auftrag für
Sie übernehmen, sollten Sie gut und gern zwei
Stunden einkalkulieren. Rechnen Sie schließlich noch einmal 20 Prozent für Unvorherge-
sehenes dazu (die Oma ruft an, der Kopierer
geht kaputt).

Schreiben Sie diese Aufgaben-Zeiten in
Ihren Terminplaner, am besten in einer anderen Farbe. Behandeln Sie diese Zeiten wie
einen »richtigen« Termin, also eine Sitzung
oder einen Besuch. Wer Aufgaben-Zeiten

leichtfertig für andere Tätigkeiten vergibt, muss unweigerlich abends und am Wochenende arbeiten.

Leerer Platz bedeutet nicht »freie Zeit« Wenn Sie den Oktober 2006 in Ihrem Kalender aufschlagen, werden Sie kaum Eintragungen finden. Im Oktober 2006 werden  Sie vermutlich aber ebenso viel Arbeit und wenig freie Zeit haben wie jetzt. Viele Menschen akzeptieren unwichtige Termine in der Zukunft, weil sie vor einem leeren Kalender sitzen und der Täuschung erliegen, dann noch viel freie Zeit zu haben.

Füllen Sie als Gegenmittel kommende Monate im Kalender mit dünnen Bleistiftstrichen aus. Blockieren Sie drei bis vier Tage pro Woche, je nach Ihrem durchschnittlichen Bedarf für Aufgaben-Zeiten. Dann sind Sie gezwungen, für einen Termin in der Zukunft die benötigte Zeit durch das Ausradieren des Strichs freizugeben. Damit machen Sie sich deutlich, dass Sie auch für einen Termin in fernerer Zukunft wertvolle

Arbeitszeit opfern müssen. Bei elektronischen Organizern können Sie zukünftige Zeiten blockieren, indem Sie einen ganztägigen Termin namens »Arbeitszeit« als »wöchentlich wiederkehrend« definieren.

Kalender sperren sich gegen Privates Fassen Sie auch das Privatleben in Termine (21.30 bis 23.00: Unterhaltung mit meinem Mann). Viele Menschen sträuben sich gegen den Gedanken, das »ganze Leben zu verplanen«. Aber sie akzeptieren dabei stillschweigend, dass für Privates überhaupt keine Zeit mehr bleibt – bis sie eines Tages die Termine bei Anwalt und Scheidungsrichter eintragen müssen.

Natürlich wäre es Unsinn, jedes Gespräch mit den Kindern und jeden Fernsehabend mit der Familie als Termin zu behandeln – vor allem, wenn Ihnen Ihr Beruf regelmäßig freie Abende und Wochenenden gestattet. Wenn das jedoch nicht der Fall ist, sollten Sie pro Woche mindestens zwei private Termine eintragen, die Sie auf jeden Fall einhalten. Das schützt Sie davor, dass für Partnerschaft und

Beziehung überhaupt keine Zeit mehr bleibt. Seien Sie dabei möglichst kreativ (»Clara überraschend von der Schule abholen«, »Mit meiner Frau einkaufen gehen, obwohl ich das hasse«). Machen Sie sich einmal klar, wer nicht alles Termine in Ihrem Terminkalender beantragen darf! Und Ihre liebsten Menschen müssen sich mit den Zeitkrümeln zufrieden geben, die dazwischen übrig bleiben?

Volle Kalender fühlen sich zu gut an Ein voller Terminplan gibt vielen Menschen das Gefühl, wichtig zu sein und gebraucht zu werden. Besonders verführerisch ist das in Berufen, bei denen es keine feste Definition gibt, wann »alles erledigt« ist (etwa bei Pfarrern oder Sozialarbeitern). Ein voller Kalender kann aber Ausdruck eines inhaltsleer gewordenen Berufs sein, Zeichen für ein von außen gesteuertes, unzufrieden machendes Leben.

Wenn Ihr Kalender stets besonders voll ist, probieren Sie das Gefühl »leerer Kalender«

aus. Notieren Sie einen Monat lang nur die allerwichtigsten speziellen Termine. Versuchen Sie, die wöchentlich wiederkehrenden Verabredungen nicht aufzuschreiben, sondern im Kopf zu behalten. Empfinden Sie Termine nicht als Pflicht, sondern als Abwechslung. Experimentieren Sie und verlassen Sie die gerade Bahn. Zahlen Sie es Ihrem Kalender heim, dass er Sie so lange betrogen hat. Vielleicht gewöhnen Sie sich ja an das Leben ohne Plan und gewinnen eine neue Sicht auf Ihr Leben – nachdem Ihr Kalender Ihnen so lange den freien Blick darauf verstellt hat.

Verwandeln Sie Ihren Kalender in ein Zeitplanbuch

Das falsche Zeitplaninstrument kann Ihre Motivation gewaltig bremsen, das richtige enorm beflügeln. Erweitern Sie zu allererst Ihren Terminkalender um genügend leere Seiten, damit Sie alle Notizen, To-do-Listen, Ideen und was auch immer an dieser einen zentralen Stelle beisammen haben.

Das gelingt am einfachsten, wenn Sie auf ein Zeitplanbuch mit Auswechselblättern umstellen. Die gibt es in unzähligen Varianten. Wenn Sie Ihr Zeitplanbuch stets mit sich führen wollen, probieren Sie es mit einem im »Westentaschenformat«. Wenn Sie allerdings gern in großen Buchstaben schreiben, ist ein System im Format DIN A5 sinnvoller.

Im nächsten Schritt müssen Sie sich entscheiden, wie viel Platz für Notizen Sie regelmäßig brauchen. Eine Doppelseite pro Tag ist das umfangreichste Angebot, eine Woche auf einer Doppelseite das knappste. simplify-Tipp: Probieren Sie es aus! Bei den besseren Zeitplanbuchsystemen können Sie die Art des Kalendariums unkompliziert umstellen, während Sie das Ringbuch und alle Zusatzteile (Jahres-Übersichtskalender, Adressverzeichnis, Notizpapier) behalten.

Machen Sie den Stresstest Wenn Sie über einen längeren Zeitraum abends das Gefühl haben »Wieder nichts geschafft!«, ist ein Zeitplanbuch mit Tagesplan für Sie die einzige Rettung. Tragen Sie am Ende des alten Tages *alle* Aktivitäten für den neuen Tag ein, auf 15 Minuten genau. Also nicht nur »10.00–11.30 Sitzung«, sondern auch »9.00–9.30 Telefonate«, »11.45–12.30 Bericht für Dr. Schwarz schreiben« und so weiter. Auf diese Weise sehen Sie schnell, ob das, was Sie an einem Tag leisten wollen und sollen, überhaupt menschenmöglich ist. Ein derartig genau geführtes Zeitplanbuch ist eine gute Grundlage für ein Gespräch mit Ihrem Chef, Ihren Auftraggebern, Ihrem Ehepartner oder mit sich selbst. Es hilft, von der Selbstüberforderung auf eine gesunde Basis zurückzukommen.

Noch einen Schritt weiter gehen Sie, wenn Sie eine Woche lang in Ihrem Tagesplan konsequent und akribisch Buch führen, was genau Sie in jeder Viertelstunde gemacht haben. Sie werden staunen, wie viel Zeit Sie für Unnützes und Unangenehmes vergeuden und wie wenig Zeit für die wirklich nützlichen und schönen Tätigkeiten bleibt.

Sammeln Sie Ihre Engel Checken Sie alle Ihre Sammlungen von Adressen. Prüfen Sie, ob Sie

dort alle Telefonnummern und sonstigen Angaben der Menschen zur Verfügung haben, die Sie in Krisensituationen um Rat und Hilfe bitten können. Solch ein Adressenverzeichnis sollten Sie ständig bei sich führen. Sehen Sie diese Sammlung als einen besonderen Schatz an.

Gehen Sie dann alle Namen in Ihrer Adresssammlung durch und malen Sie ein Engelssymbol vor die Namen all derer, die Ihnen helfen könnten. Meist sind das zugleich Menschen, denen auch Sie schon einmal etwas Gutes getan haben. Je größer das Symbol, umso größer die mögliche Unterstützung. In Krisenzeiten werden diese Symbole Sie daran erinnern, dass Sie nicht allein sind, sondern ein gutes Netzwerk um sich haben.

Lassen Sie Raum für Ihre Träume Egal, ob Sie ein winziges Leporello-Kalendarium oder ein dickes Zeitplanbuch mit sich führen: Sie sollten dort stets ein paar freie Blätter für Ideen, Einfälle und spontane Gedanken bereit halten. Viele Menschen, die von sich sagen »Ich habe keine Ideen« sind es nur nicht gewöhnt, ihre Gedanken schriftlich festzuhalten.

Wenn Sie an einem größeren Projekt arbeiten, einem Vortrag, einem Artikel oder etwas Ähnlichem, legen Sie ein leeres Blatt mit einer entsprechenden Überschrift an eine gut sichtbare Stelle in Ihren Zeitplaner. Dadurch werden Sie immer wieder daran erinnert, Gedanken dafür zu sammeln. Nach einer kurzen Eingewöhnungsphase werden Sie verblüfft sein: Es scheint, als ob alle Zeitungen, TV-Sendungen und Gespräche Ideenlieferanten für Ihr Projekt sind!

Optimieren Sie Ihr Zeitplanbuch Bei einem Kalendarium, das zwei Seiten pro Tag bereit hält, können Sie eine didaktisch besonders wirksame Form der Zeitplanung einrichten. Sie kennen vermutlich das Denkmodell von den beiden Gehirnhälften: Die linke ist die »digitale«, organisierte, mathematische. Die rechte ist die »analoge«, bildhafte, chaotische Hälfte. Wenn Sie die Doppelseite des Kalendariums vor sich liegen haben, ist sie gehirngerecht aufgeteilt: Auf der linken Seite (die der rechten Gehirnhälfte entspricht, weil die Zuordnung über Kreuz verläuft) ist Platz für »Anti-Zeit«-Botschaften, für Ungeplantes. Deswegen ist diese Seite in den Vordrucken bewusst fast leer gelassen. Zählen Sie hier auf, was Sie heute gut gemacht haben und wofür Sie dankbar sind. Schreiben Sie den schönsten Gedanken des Tages auf. Diese Seite ist kein »Pflichtenheft«, sondern Ihr Lebenshelfer, Ihr papierner Freund, Ihr Glücksspeicher. Auf der rechten Seite (die zur linken Gehirnhälfte gehört) geht es exakt zu. Auf der Zeitleiste können Sie die Uhrzeit jedes Termins eintragen. Daneben ist Raum für Ihre Aktivitäten (die »To-dos«), die einen festen Termin haben. Erfinden Sie hier Ihre eigenen Symbole für die Art der Erledigung (Telefon, Brief, Fax, E-Mail, Auftrag und andere, die für Ihren Beruf spezifisch sind).

- *To-do-Listen nicht ins Kalendarium.* Allgemeine Aufgaben überträgt man in herkömmlichen Zeitplanern meist wie eine Strafarbeit von einem Tag auf den anderen. Eine bessere Lösung: Schreiben Sie, was zu tun ist, auf eine separate Seite ganz vorn in

Ihrem Zeitplanbuch. Anfangs bedarf es einer gewissen Gewöhnung, dass Sie Ihre Aufgaben nicht täglich vor sich sehen, sondern dazu die Extraseite aufschlagen müssen. Aber Sie werden bald den Fortschritt merken: Sie bestimmen selbst, was gemacht wird – und nicht mehr Ihr Zeitplanbuch! Ihr Zeitwerkzeug soll Ihnen nicht sagen, was Sie heute wieder *nicht* geschafft haben, sondern es soll Sie ermutigen.

- *Denken Sie in Wochen.* Planen Sie Ihre Arbeit ganz natürlich von einem Sonntag zum nächsten. Versuchen Sie, am Wochenbeginn »ranzuklotzen«, um sich für Donnerstag und Freitag etwas Muße zu verschaffen.

- *Nutzen Sie Ihr Register neu.* In vielen Terminplanern oder Ringbuchkalendern bleibt das A–Z-Register unbenutzt, weil alle wichtigen Nummern im Handy gespeichert sind oder die Daten am PC aktualisiert und die Ausdrucke ins Zeitplanbuch geheftet werden. Ein nicht genutztes oder ein (falls genug Platz ist) zusätzliches A–Z-Register bietet Ihnen ungeahnte Möglichkeiten. Hier können Sie alle Ideen und Informationen übersichtlich alphabetisch ablegen. Wenn Sie Ihr Buch stets bei sich haben, ist es egal, ob Sie Ihre Ideen am Schreibtisch, im Restaurant, bei Wartezeiten, in der Bahn oder zu Hause haben. Register aufklappen, eintragen, fertig. Hier einige Anregungen:

- Den Buchtipp, den Sie gerade gehört oder gelesen haben, notieren Sie unter B;
- CDs, deren Titel Sie jedes Mal vergessen haben, wenn Sie an einem Plattenladen vorbeikommen, kommen unter C;
- Fragen für den nächsten Elternabend schreiben Sie unter E;
- Geschenkideen sammeln Sie bei G;
- Argumente und Ideen für Ihre nächste Vereinssitzung am 10.11. finden sich unter »V« (geben Sie zusätzlich im Kalenderteil beim 10.11. an, dass Sie hierzu Notizen unter V gesammelt haben);
- Größen für Kinderbekleidung tragen Sie unter den Anfangsbuchstaben der Namen Ihrer Kinder ein.

Erledigtes streichen Sie durch. Komplett ab-
gestrichene Blätter werfen Sie weg und ersetzen Sie durch neue leere. Schreiben Sie dauer-
hafte Notizen (»Geschenkideen«) und solche
mit Verfallszeit (»Georgs Hochzeit«) auf ver-
schiedene Blätter, das erleichtert das Aussor-
tieren.

Papier versus Elektronik

Wann lohnt sich ein elektronischer Organizer und wann nicht? Ist das klassische
Zeitplanbuch out? In vielen Firmen sieht man
junge smarte Angestellte mit schicken spiel-
kartengroßen, elektronischen Organizern, so
genannten Palmtops oder PDAs (Personal
Digital Assistants). Fachzeitschriften und Or-
ganisationsexperten haben mehrfach die digi-
talen und die herkömmlichen Systeme gegen-
einander getestet. Die Ergebnisse der Tests
stimmen in etwa überein: 3 zu 2
fürs Papier.

Eine Stärke elektronischer
Organizer liegt in der Termin-
verwaltung. Haben Sie den

Bogen erst einmal heraus, ist die vernetzte Terminplanung auf dem PC und die anschließende Übertragung auf den PDA eine elegante Sache. Termine lassen sich bequem verschieben und mit anderen abgleichen. Beim Zeitplanbuch bedarf es dazu eines Anrufs oder Gesprächs, und Durchgestrichenes sieht im Büchlein hässlich aus. In manchen Firmen kann der Vorteil allerdings ins Gegenteil umschlagen, wenn Sie am Morgen in Ihren elektronischen Kalender schauen und mit Terminen konfrontiert sind, die Ihnen jemand ungefragt in Ihren Tagesplan gewürgt hat. Das ist eine Unsitte. Prinzipiell sollte gelten: Termine werden nicht von oben diktiert, sondern angefragt.

Alphabetisches Sortieren im handgeschriebenen Register bezieht sich nur auf den Anfangsbuchstaben, oder man druckt sich (eher umständlich als kunstvoll) ein PC-Verzeichnis im Zeitplanerformat aus. Im PDA lässt sich eine Adresse auch dann mühelos finden, wenn Sie nicht mehr genau wissen, ob Sie Herrn Zirngibl von der Firma Apple unter Z oder A abgelegt haben. Korrekturen sind (vorausgesetzt, Sie kennen alle Kniffe) elegant zu erledigen, im papiernen Verzeichnis dagegen müssen Sie radieren oder darüberschreiben.

Die Stärken der Papierform Für visuelle Menschen ist ein PDA eine traurige Angelegenheit, denn kreative Kritzeleien entfallen. Auch für das schnelle Festhalten einer Idee ist das unnatürliche Kästchenschreiben der Handschriftenerkennung oder die »Mäusetastatur« auf dem Display eher hinderlich als hilfreich. Größere Mini-PCs wie der Psion haben wenigstens eine Tastatur, die allerdings spitze Finger verlangt. Für den Palm gibt es zwar eine brauchbare faltbare Tastatur, aber es wirkt immer noch eigenartig, sie in einer Sitzung aufzuklappen.

Gedacht sind PDAs vor allem als tragbare Außenstationen eines PCs. Seine schriftlichen Eintragungen soll der Benutzer auf der heimischen Tastatur vornehmen. Der unschöne Nebeneffekt, wenn Sie während des Telefonierens PC-Notizen machen: Der Gesprächspartner hört das Klappern Ihrer Tastatur. Das lautlose Mitschreiben von Hand ist freundlicher und lenkt nachweislich nicht so stark ab.

Bei der Lebensplanung, langfristigen Zielen oder großen Übersichten ist das kleine PDA-Display überfordert. Die Zeitplanbuchhersteller dagegen bieten ein Universum spezieller Vordrucke für bestimmte Berufe und Situationen an.

Ausschlaggebend beim Duell sind schließlich die vielfältigen Kleinigkeiten, die ein gutes Zeitplanbuch bietet: biblische Losungen oder Zitate für jeden Tag, Informationsseiten, Taschen für Briefmarken, Fächer für Visitenkarten und viele weitere Details, die den Zeitplanbuchfreundinnen und -freunden ans Herz gewachsen sind.

Beides nutzen? Ein guter Kompromiss könnte es sein, einen PDA für die Adressen zu verwenden und daneben ein Zeitplanbuch aus Papier zu haben. Der Trend scheint allerdings inzwischen in Richtung Papier zu gehen. Viele Benutzer elektronischer Organizer kehren zu Zeitplanbüchern in Ringbuchform zurück oder stellen um auf einen ganz einfachen, in Buchform gebundenen Jahreskalender.

Methoden für Ihre Zeitplanung

Zeit kann man nicht sehen. Deshalb verwenden wir, wenn wir über Zeit sprechen, Metaphern: Bilder aus der sichtbaren Welt, die wir in die Welt der unsichtbaren Zeit herüberholen. Die Art dieser Metaphern prägt unsere Einstellung zum Phänomen Zeit ganz wesentlich. Die hier dargestellten Methoden bedienen sich verschiedener Vorstellungswelten. Wählen Sie die aus, die Ihnen sympathisch sind.

Ballast abwerfen
mit der Bären-Methode

Allgemeine Unzufriedenheit, körperliche Beschwerden im Magen-, Kreislauf- oder Wirbelsäulenbereich, Müdigkeit und viele andere

Beschwerden haben häufig ihren Ursprung in innerer Überforderung: zu viele zeitliche Verpflichtungen, überhöhte Ansprüche an sich selbst und zu hohe Erwartungen anderer. Lernen Sie die Kunst der Gelassenheit. Hier ein paar Anregungen, abgeschaut von einer wunderbaren Spezies, den Bären:

Bauch raus Gelassenheit beginnt im Körper. Ein erwachsener Bär hat einen eindrucksvollen Bauch. Verabschieden Sie sich vom Schönheitsideal der mageren (meist übrigens digital noch retuschierten) Models und der (medikamentös behandelten) Muskelmänner. Wenn Sie abspecken wollen, tun Sie es. Wenn Sie es nicht schaffen, lassen Sie es. Ziehen Sie aber den Bauch nicht ein, denn damit provozieren Sie Verspannungen der Rücken- und Schultermuskulatur und belasten Ihren Verdauungstrakt. Der simplify-Bärentipp: Kaufen Sie sich eine weite Hose, notfalls mit Hosenträgern, oder ein bequemes Kleid. Atmen Sie schön tief durch, mit entspanntem Bauch. Sie werden staunen, wie viel gelassener und ruhiger Sie dadurch werden.

Probier's mal mit Gemütlichkeit Der Bär kann auf zwei Beinen gehen wie wir – wenn er will. Lieber läuft er aber auf allen Vieren oder legt sich hin. Der simplify-Bärentipp: Bauen Sie in Ihren Tageslauf möglichst viele Gelegenheiten ein, bei denen Sie sich hinlegen und die Wirbelsäule entspannen können. Legen Sie sich in der warmen Jahreszeit in der Mittagspause auf eine Wiese. Wenn Sie Ihr Büro in den eigenen vier Wänden haben, nutzen Sie ruhig einmal Ihr Bett oder ein großes Sofa zum Lesen, Nachdenken oder Telefonieren.

Sport plus Bären fangen gern Fische, und zwar mit der bloßen Hand. Die zotteligen Burschen sehen langsam aus, sind es aber ganz und gar nicht, wenn es drauf ankommt. Der simplify-Bärentipp: Nehmen Sie sich Zeit für Sport oder Bewegung, und zwar in derselben gesunden Mischung von Belastung und Entspannung wie die fischenden Grizzlys. Jagen Sie nach dem Joggen also nicht gleich zum nächsten Termin, sondern rechnen Sie stets genügend Zeit fürs Relaxen ein.

Groß sein Wenn ein Bär angegriffen wird, richtet er sich zu seiner vollen Größe auf. Der simplify-Bärentipp: Zeigen Sie die volle zeitliche Größe Ihrer Arbeit. Stellen Sie Ihr Licht nicht unter den Scheffel, sondern nennen Sie bei Arbeiten, mit denen Sie beauftragt werden, stets die realistische Anzahl von Stunden oder Tagen, die Sie dafür benötigen. Machen Sie den anderen klar, dass auch »kleine« Arbeiten, Routinejobs und vor allem unbezahlte ehrenamtliche Tätigkeiten Zeit kosten.

Brutpflege in der Höhle Bären säugen ihre Jungen über ein Jahr lang. Obwohl sie kaum natürliche Feinde haben, suchen sie dafür immer zusätzlich Schutz in einer Höhle. Der simplify-Bärentipp: Geben Sie Ihren Projekten ausreichend Zeit zum Ausreifen. Legen Sie bei einem langfristigen Projekt mit Ihrem Chef fest, dass er Ihre Arbeit beispielsweise erst nach einem Jahr beurteilt und sie nicht vorher ungeduldig abbricht. Schaffen Sie sich zeitliche Schutzräume, »Zeithöhlen«, in denen Sie nicht von dringenden Aufgaben gehetzt werden, sondern einmal mit innerer Ruhe über Ihre Zukunft nachdenken können.

Dicke Haut Der Bär nascht so gerne Honig, weil ihm die Stiche der Bienen nichts anhaben können. Seine Haut ist dafür viel zu fest, im besten Sinne »dickfellig«. Der simplify-Bärentipp: Legen Sie sich eine solche dicke Haut zu, um sich vor den kleinen Sticheleien der lieben Mitmenschen zu schützen. Vergeuden Sie Ihre Zeit nicht damit, sich über andere Menschen zu ärgern. Sie werden sehen: Wenn die anderen merken, dass Sie auf spitze Anzüglichkeiten nicht reagieren, hören sie von selbst auf.

Ameise, Löwe, Adler und Elefant

Sehen Sie sich um: Von wie vielen Medien und Kommunikationsmitteln sind Sie umgeben? Zeitung, Radio, Fernsehen, CDs, Videos, Bücher, Telefon, Computer, Internet … Informiertheit und Produktivität sind dadurch enorm gewachsen, aber das tägliche Zeitbudget ist begrenzt. Hier vier erprobte Methoden, mit denen Sie den täglichen Overkill an Aufgaben und Informationen bewältigen können. Der Einfachheit halber haben wir sie mit vier Tiernamen versehen.

Ameise: Akzeptieren Sie den Zufall Ameisen kommunizieren über Duftstoffe und Tastsignale mit ihren Fühlern. Keine Ameise wäre imstande, die Informationen all ihrer Millionen von Schwestern zu verarbeiten. Welche Nachrichten sie empfängt, unterliegt weitgehend dem Zufall. Der Ameisenstaat funktioniert trotzdem – obwohl keine Ameise alles weiß.

Machen Sie es wie die Ameise, und sagen Sie: »Ich werde niemals allem Aufmerksamkeit schenken können, was meine Aufmerksamkeit will.« Bedenken Sie, dass schon fünf Wochenendausgaben der Süddeutschen Zeitung mehr Informationen enthalten als sämtliche schriftlichen Dokumente Europas im 15. Jahrhundert!

Geben Sie den Plan auf, Sie könnten jemals alle E-Mails und Briefe beantworten, alle Zeitschriften lesen und alle Informationen verarbeiten. Dieses Ideal stammt aus einer Zeit, in der seine Erfüllung vielleicht gerade noch möglich war. Doch die ist vorbei. Wenn Sie sich das selbst bewusst gemacht haben, können Sie sich (endlich) entspannen.

Löwe: In der Ruhe liegt die Kraft »Setzen Sie Prioritäten!« ist ein im Bereich der Selbstorganisation oft verwendeter Satz. Aber es funktioniert selten. Der häufigste Fehler dabei ist, dass sich Menschen Schwerpunkte setzen, während die Anforderungen des Tages bereits auf sie einprasseln. Ernennen Sie das Prioritätensetzen selbst zur obersten Priorität. Stellen Sie Ihre beste Zeit dafür bereit, wenn Ihr Geist am klarsten ist. Bei den meisten Menschen ist das der Morgen, andere tun es lieber in der Nacht, vorausschauend auf den nächsten Tag. Schalten Sie dabei alle Störungen aus, suchen Sie sich notfalls einen abgeschiedenen Ort (bei einem Spaziergang im Freien, eine Kapelle, ein leeres Zimmer). Machen Sie es wie die Löwin, die sich lange ausruht, bevor sie zum entscheidenden Angriff ansetzt.

Adler: Der weite Blick In vielen Kulturen ist der Adler das Symbol für Vision und Überblick. Bevor er sich auf seine Beute stürzt, schwebt er lange ruhig über den Dingen. Planen Sie während Ihrer täglichen Prioritätensitzung wie ein Adler, von ganz weit oben, sodass Sie nicht nur den Tag und die Woche, sondern Ihr gesamtes Leben im Überblick haben. Fragen Sie sich: Welche Erfahrungen möchte ich während meiner Zeit auf Erden machen? Was soll sich in dieser Welt durch mein Leben ändern? Betrachten Sie jeden kleinen To-do-Punkt auf Ihrer Aufgabenliste im Licht dieser beiden Fragen. Die hohe Adlerperspektive bewahrt Sie davor, sich nur mit den Dingen zu befassen, die bequem nahe liegen oder am lautesten schreien – und durch deren Erledigung Sie Ihren Zielen nicht näher kommen. Finden Sie aus dieser majestätischen Perspektive den »Diamanten« des Tages heraus, der vor Ihnen liegt: Welchen kleinen Schritt können Sie heute tun, um einem Ihrer großen Pläne oder Träume näher zu kommen? Wenn Sie das geklärt haben, setzen Sie wie der Adler sanft zum Flug zurück zur Erde an.

Wenn Sie auf diese Weise Prioritäten setzen, werden Sie zwangsläufig andere Menschen verletzen. Sie werden nicht nur »Nein« sagen, sondern sehr oft Menschen und Aufgaben völlig ignorieren müssen, um auf Ihren eigenen Weg zu kommen. Leitende Angestellte, so eine Untersuchung aus den USA, verbringen bis zu drei Stunden pro Tag mit Nein-Sagen: Absagen formulieren, Anfragen weiterleiten, uneffektive Arbeiten beenden und so weiter. Das lässt erahnen, welches Potenzial in einem nach Adler-Prinzipien geplanten Leben steckt.

Elefant: Arbeiten ohne Ablenkung Elefanten haben – ähnlich wie der in der Zivilisation lebende Mensch – keine echten Feinde. Sie können es sich erlauben, ungeteilt bei ihrer Aufgabe und auf ihrem Weg zu bleiben. Nutzen Sie diese Eigenschaft, die die Natur auch Ihnen mitgegeben hat. Wenn Sie aus der Adlersicht Ihre wichtigste Aufgabe des Tages erkannt haben, dann machen Sie sich mit Elefanten-Power an die Ausführung. Ruhig, aber ohne zu zögern. Konzentriert, aber ohne zu verkrampfen.

Unsere Kultur ermutigt uns gern zum gleichzeitigen Tun: Lesen während des Essens, Musik hören während des Redens, Autofahren während des Telefonierens und vieles mehr. Diese vom PC bekannte Technik des Multitasking führt in der menschlichen Praxis zu Multimittelmäßigkeit und Multischeitern, weil keine der gleichzeitig ausgeführten Aufgaben wirklich gut erledigt wird.

Bauen Sie lieber in Ihren Tagesablauf eine Elefantenstunde ein. Nehmen Sie sich jeden Tag *eine* Aufgabe vor, bei der Sie sich auf keinen Fall stören lassen wollen. Legen Sie dafür eine klare Zeit fest – am Anfang genügt eine halbe Stunde. Schalten Sie alle Störungen aus. Stellen Sie einen Wecker auf 30 Minuten, platzieren Sie ihn aber so, dass Sie nicht ständig darauf schauen. Denn der Blick auf die Uhr ist ein typischer Aufmerksamkeitsunterbrecher.

Nun widmen Sie sich mit totaler Hingabe Ihrem Arbeitsziel. Sie werden sofort einen Effizienzsprung erfahren.

Lernen Sie Geduld

Unsere Welt ist voller Verzögerungen und Unzulänglichkeiten. Ungeduld und Zorn darüber erscheinen als ganz natürliche Reaktionen. Aber das sind sie nicht, denn Ungeduld ist erlernt. Im Lauf unserer Erziehung hat man sie uns mühsam antrainiert, damit wir schneller, leistungsfähiger und effizienter werden. Deswegen ist auch die Geduld erlernbar. Wie Sie trotz unerfreulicher Ereignisse um sich herum wieder geduldiger und besser gelaunt sein können, erfahren Sie nun.

- *Erhöhen Sie Ihre Aufmerksamkeit.* Geduld ist erstaunlicherweise eine Entscheidung. Gehirnforscher haben herausgefunden, dass sich die Zeit zwischen Entschluss und Aktion verdoppelt, wenn Sie wachsam beobachten, was um Sie herum vorgeht. Probieren Sie es in einer typischen Ungeduldssituation aus, etwa während eines Verkehrsstaus: Wenn Sie die mit Ihnen wartenden Menschen, die Autos, den Himmel und was auch immer aufmerksam beobachten, werden Sie ruhig und gelassen. Wenn Sie Ihren Blick dagegen nach innen richten und sich nur mit den möglicherweise unangenehmen Folgen dieses Staus beschäftigen, werden Sie vor Ungeduld und Frust platzen. Neugier und Anteilnahme bewahren Sie vor unkontrollierten Wutausbrüchen. Geduld, sagt ein altes deutsches Sprichwort, ist wie der Kiel eines Bootes: Sie hilft, auch in stürmischer See aufrecht und zielorientiert zu bleiben.

- *Seien Sie unperfekter.* Ungeduld ist ein Zeichen von Perfektionismus. Die geduldigsten Menschen leben in Ländern, in denen praktisch nie etwas funktioniert. Kein Afrikaner würde sich je darüber aufregen, wenn der Bus zehn Minuten Verspätung hat. Wenn Sie dagegen von Flughäfen, E-Mail-Systemen oder Behörden absolute Fehlerlosigkeit erwarten, trainieren Sie Ihre Ungeduld – und machen sich Ihr Leben unnötig schwer. Seien Sie barmherziger mit sich und anderen, denn mit Ihren Sorgen und Ihrer Aufregung können Sie Ihrem Leben nicht eine einzige Sekunde hinzufügen.

- *Menschen sind nur Menschen.* Sie können einen anderen Menschen niemals vollkommen kontrollieren, aber Sie können ihn unterstützen und ermutigen. Damit wird Kontrolle hinfällig. Der einzige Mensch, den Sie unter Kontrolle haben können, sind Sie selbst.

- *Urteilen verschwendet Energie.* Akzeptieren Sie, dass es immer mehr als einen Weg zum Ziel gibt. Je weniger Zeit Sie damit verbringen, andere Menschen zu beurteilen oder auf Ihren Ansichten zu bestehen, um so geduldiger werden Sie.

- *Veröffentlichen Sie Sturmwarnungen.* Falls Sie trotz aller Vorschläge trotzdem manchmal einen Wutausbruch nicht zurückhalten können – kündigen Sie ihn vorher an. Dann können sich Ihre Kinder, Ihr Ehepartner, Ihre Kollegen oder andere Menschen um Sie herum ist, darauf einstellen: Entweder sie ändern dann ihr Verhalten oder sie ertragen Ihr Donnerwetter. Auf diese Weise erleben andere Menschen Sie nicht als unkontrolliert, launisch oder unberechenbar – und Sie können trotzdem Dampf ablassen.

- *Starten Sie die »Aktion Geduld«.* Wenn Sie selbst kurz vor dem Ausrasten sind, bedanken Sie sich bei anderen Menschen (die noch ruhig bleiben) für deren Geduld. Probieren Sie es beispielsweise bei einer langen Warteschlange in einer Behörde und sagen Sie zu den Menschen um sich herum: »Ich bewundere Sie, mit welcher Gelassenheit Sie das hier ertragen.« Das ist viel wirksamer, als andere mit der eigenen Ungeduld anzustecken. Der andere wird sich freuen (gleichgültig, ob er wirklich so gelassen war), freundlich antworten und damit die aufgeladene Situation beruhigen. Ja, seine Geduld wird auch auf Sie selbst zurückstrahlen.

- *Stellen Sie die Pilotenfrage.* Testpiloten werden darauf trainiert, in Krisensituationen sich stets die Frage zu stellen: »Fliegt das Ding noch?« Diese Frage hilft, die aufsteigende Panik zu bekämpfen und ruhig Gegenmaßnahmen einzuleiten. Solange ein Flugzeug noch in der Luft ist, gibt es auch in schlimmsten Situationen zahlreiche Rettungsmöglichkeiten. Mithilfe dieser Frage rettete der Astronaut Alan Bean den Mondflug Apollo 12, als sein Raumschiff nach dem Start von einem Blitz getroffen worden war. Fragen Sie in vermeintlich hoffnungslosen Situationen: Bin ich noch am Leben? Darin steckt auch eine gute Prise Humor. »Alles ist gut, alles ist gut. Obwohl bei mir das Chaos ist, ist alles gut.« So hat der Jesuit Anthony de Mello die Gabe der Heiterkeit beschrieben. Ein guter Satz für Notfälle.

- *Legen Sie sich einen Stein in die Jackentasche.* Ein kurioser alter Brauch aus Irland: Sobald Zorn und Ungeduld in Ihnen aufsteigen, legen Sie den Stein von einer Tasche in die andere. So, wie der harte Kiesel umgruppiert wird, soll sich auch Ihr verhärtetes Inneres neu organisieren und den Teufelskreis aus Ärger und Wut durchbrechen. Wenn Sie keinen Stein haben, nehmen Sie Ihren Schlüsselbund oder einen anderen harten Gegenstand.
- *Zählen Sie bis 10.* Das rieten schon die alten Römer. Zwingen Sie sich, leise bis 10 zu

zählen, bevor Sie etwas aus dem Affekt heraus sagen. Während des Zählens lässt Ihr Inneres unbewusst Dampf ab. Das kann Sie vor schlimmen Folgen bewahren, denn Sie wissen ja: Ein einmal gesagtes böses Wort lässt sich nicht mehr zurücknehmen.

- *Sehen Sie, was vor Ihren Augen ist.* Das ist der wichtigste Weg zum Wiederfinden Ihrer Geduld. Wenn Sie sich während einer Arbeit vorstellen, was Sie stattdessen Sinnvolleres oder Angenehmeres tun könnten, machen Sie sich zwangsläufig unglücklich. Wenn Sie aber eine Arbeit tun, dann fühlen Sie Ihre Arme, freuen Sie sich über jeden Handgriff, den Sie tun können. Spüren Sie die Gegenwart, den Zauber dessen, was unmittelbar vor Ihren Augen ist. Entdecken Sie das Glück im momentanen Augenblick.

Die Kraft besonderer Zeiten

Wenn Sie von einem Termin zum nächsten eilen und so viele Aufgaben zu erledigen haben, dass Sie gar nicht mehr wissen, wo Ihnen der Kopf steht, ist es höchste Zeit innezuhalten und Energie zu tanken. Traditionelle Ruhetage wie der Sonntag, aber auch der Morgen und der Abend jedes gewöhnlichen Tages bieten sich hierfür an. Nutzen Sie diese Zeiten für sich und schöpfen Sie dabei neue Kraft.

Glückselixier Sonntag

Ein Geheimnis eines glücklichen Lebens ist der Sabbat, der freie Tag in jeder Woche. Das funktioniert seit vielen Jahrtausenden. Die

Grundidee dahinter lautet: Weil die Arbeit niemals aufhört, müssen Sie mit der Arbeit aufhören. Hier die wichtigsten positiven Wirkungen eines geheiligten Feiertags.

Das beste Mittel gegen Workaholismus Ein voller Terminkalender kann wirkungsvoll davon ablenken, dass die Arbeit, die Sie tun, in bestimmten Bereichen sinnlos und unbefriedigend sein kann. Seien Sie misstrauisch gegenüber jedem Termin: Ist er wirklich so nötig, wie er tut? Wenn der Sonntag ein weißer Fleck in Ihrem Terminkalender ist, dann ist das ein gutes Zeichen. Wer nur arbeitet und niemals spielt, gammelt oder ein bisschen Ekstase erlebt, wird auf Dauer ein schrecklich langweiliger oder unzufriedener Zeitgenosse.

Das Wochenende ist der traditionelle Termin für Ausflüge, Besuche und ähnliche Aktivitäten. Im Judentum ist die Benutzung von Verkehrsmitteln am Sabbat verboten. Diese kluge Regel kann Sie vor dem Stau, der Unruhe langer Fahrten und nicht zuletzt vor den Gefahren des Reisens bewahren (die meisten Verkehrstoten gibt es an sonnigen Sonntagen). Besprechen Sie mit allen Beteiligten, ob ihnen der große Ausflug, die lange Fahrt zu Tante Pia oder die aufwändige Reise zur Skipiste wirklich so viel Spaß macht, wie Sie dachten. Oft träumen gerade ältere Kinder von einem Sonntag zu Hause, an dem sie einfach in Ruhe gelassen werden.

Heilsame Grenzen Der Sonntag ist ein guter Abschluss Ihrer Woche, er gliedert Ihr Leben und gibt Ihnen Zeit zum Reflektieren und Auftanken. Manche beklagen sich, dass am Sonntag Autowaschstraßen und Warenhäuser geschlossen haben. Aber die Fähigkeit, Grenzen anzuerkennen, ist eine wichtige Kunst, die den Unterschied zwischen süßem Erfolg und bitterem Scheitern ausmachen kann. Verteidigen Sie Ihre Grenzen und seien Sie wachsam bei Übergriffen anderer, wenn sie den heiligen Boden Ihres Sonntags betreten wollen.

Wenn Gott es sich leisten konnte, bei der Schöpfung einen Tag blau zu machen, können Sie es auch! Seien Sie dankbar: Allein dadurch, dass Sie in Europa leben, gehören Sie zu den 7 Prozent der reichsten Menschen auf der Erde. Klagen Sie nicht darüber, was Sie alles noch nicht erreicht haben, sondern denken Sie an die vielen Menschen, die davon träumen, nur Ihre Probleme zu haben. Fragen Sie nicht, ob das Glas halb voll oder halb leer ist, sondern denken Sie an den Wasserhahn, aus dem Sie das Glas noch unzählige Male füllen können.

52 Sonntage addieren sich in einem Jahr zu einem hübschen Sümmchen freier Zeit. Selbst wenn Sie in den übrigen Tagen ranklotzen müssen (oder möchten), können die insgesamt fast zwei Monate arbeitsfreie Zeit Ihren Körper und Ihre Seele vor dem Schlimmsten bewahren. Verschieben Sie alle Arbeit, die Sie am Freitag oder Samstag nicht mehr geschafft haben, auf den Montag. Auch wenn Sie das etwas kostet. Der Preis, den Sie eines Tages

zahlen müssen, wenn Sie am Sonntag so weiter arbeiten wie in der laufenden Woche, ist weit höher.

Optimieren Sie Ihren Tagesstart

»Das Aufstehen fällt mir furchtbar schwer! Weiß jemand da Abhilfe? Ich lebe schon lange mit diesem Dauerproblem; ein extrem niedriger Blutdruck trägt wohl auch dazu bei. Ich möchte etwas ändern – aber wie?« Diese Zeilen schrieb Gundel in unserem Leserforum von www.simplify.de. Die zahlreichen Reaktionen und hilfreichen Tipps machten deutlich, dass sie mit ihrem Problem nicht allein war.

Vorglühen Gewöhnen Sie sich an, nicht gleich aus dem Bett zu kriechen (oder hüpfen), sondern noch im Bett ein paar Bewegungsübungen zu machen. Gehen Sie dabei von außen nach innen vor: Arme heben, Hände auf- und zumachen. Dann wackeln Sie mit den Füßen, während Sie genüsslich im Bett liegen und noch einmal die Augen schließen. Überlegen Sie sich dabei, was Sie am heutigen Tag Schönes für sich machen könnten. Sagen Sie sich, wie gut es ist, dass Sie diesen Tag erleben dürfen.

Strecken Sie vor dem endgültigen Aufstehen Beine, Arme und Nacken. Schlappen Sie dann nicht gebeugt ins Badezimmer, sondern aufrecht mit kreisenden Schultern und bewusst tiefen Atemzügen. Machen Sie sich klar: Sie gehen in Ihren Wellness-Tempel!

Duschen Sie auf japanische Art: Lassen Sie unter der Dusche das Wasser mit feinem Strahl über Gesicht, Schultern und Arme laufen. Besonders wirksam ist es, in die Hocke zu gehen und das Geprassel auf dem Rücken wahrzunehmen. Stellen Sie sich vor, dieses Wasser ist belebender Regen. Die optimale Kaltdusche am Schluss verläuft bei Japanern wie bei Pfarrer Kneipp von außen nach innen – über Hände, Füße, Arme und Oberschenkel zu Brust und Rücken.

Begrüßen Sie Ihren Körper Nehmen Sie Ihren Körper wahr. Stellen Sie die Dusche ab und streichen Sie die Wassertropfen vom Körper ab. Sagen Sie dabei jedem Körperteil: »Guten Morgen! So wie du bist, bist du gut!« Auch wenn der Bauch vielleicht etwas dick und die Schenkel schlaff sind – wenn Sie jetzt ein gutes Verhältnis zu Ihrem Körper finden, trägt er Sie viel beschwingter durch den ganzen Tag. Beim Abtrocknen lässt sich diese Übung fortsetzen.

Ein Erfolgsrezept asiatischer Gelassenheit ist die allmorgendliche Gesichtsmassage, die dort so selbstverständlich ist wie bei uns das Zähneputzen. Streichen Sie die Haut mehrmals vom Kinn zu den Mundwinkeln, von den Augenwinkeln über die Nasenflügel zur Stirn und über die Schläfen wieder zurück. Dann mit Schwung von der Mitte nach außen: vom Kinn, von der Nase und von Stirnmitte jeweils in Richtung Ohren.

Zum Schluss pressen Sie fünf Sekunden lang Zeige- und Mittelfinger bei geschlossenen Augen auf die Stirnmitte. Atmen Sie dabei ein, lächeln Sie und atmen Sie mit geöffneten Augen aus. Sehen Sie sich im Spiegel beim Lächeln zu. Anfangs ist das ungewohnt, aber nach ein paar Tagen Übung können Sie aus dieser Körper-Rückkopplung (Sie lächeln über Ihr Lächeln) die Energie beziehen, die Sie freundlich gegenüber sich selbst stimmt.

Überprüfen Sie Ihr Bett Möglicherweise haben Sie den Grundstein für einen vermuffelten Morgen schon während der Nacht gelegt. Viele Menschen schlafen schlecht, ohne sich daran zu erinnern. Stellen Sie deshalb probeweise Ihr Bett an eine andere Stelle im Raum. Prüfen Sie das Alter Ihrer Matratze: Nach 15 Jahren ist auch die beste Schlafunterlage durchgelegen.

Steht eine netzbetriebene Uhr neben Ihrem Kopf? Ersetzen Sie sie durch eine mit Batterie. Hassen Sie das Geräusch Ihres Weckers? Dann besorgen Sie sich einen neuen, und testen Sie vorher dessen Weckton. Ganz luxuriös ist es, von Ihrer Lieblingsmusik geweckt zu werden. Dazu benötigen Sie einen CD-Wecker, inzwischen gibt es davon einige schicke Modelle auf dem Markt.

Es ist unglaublich, wie oft sich Transformatoren (z. B. von einer Halogen-Nachttischlampe), Radios im Dauer-Standby-Betrieb, Mehrfachsteckdosen mit vielen Kabeln oder gar Starkstromleitungen direkt am Kopfende eines Bettes befinden. Auch wenn Sie keine nachgewiesene Strom-Allergie haben: Ent-elektrisieren Sie Ihren Schlafplatz! Wenn es ein Niedervolt-Halogenlicht sein muss, setzen Sie ein Kabel mit Schalter zwischen Steckdose und Lampe, damit das Gerät in der Nacht vollständig abschaltet ist. Haben Sie einen weiter gehenden Verdacht, besorgen Sie sich in einem Fachgeschäft einen »Elektrosmog-Tester« (im Elektro-Fachhandel sind sie für rund 15 Euro erhältlich). Fragen Sie Ihren Elektriker nach dem Einbau einer Netzfreischaltung fürs Schlafzimmer, mit der Sie nachts alle Leitungen völlig stromfrei schalten und beruhigt schlummern können.

Bahn frei! Prüfen Sie Ihren morgendlichen Parcours genau: Nervt Sie die verwinkelte  Dusche, das hässliche Badezimmer, das dunkle Frühstückseck? Mit scheinbar harmlos wirkenden Verbesserungen im Detail können Sie Ihren Tagesstart erstaunlich optimieren.

Verschönen Sie sich die Morgenstunde, indem Sie vor dem Schlafengehen aufräumen. Füllen Sie die Spülmaschine, säubern Sie die Arbeitsfläche in der Küche und sorgen Sie vor allem dafür, 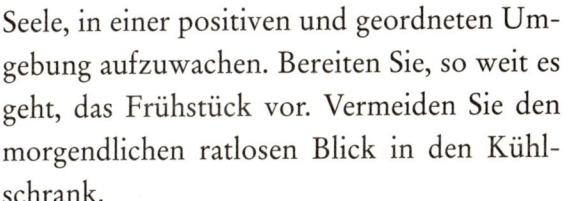 dass nichts auf dem Fußboden herumliegt. Es ist gut für Ihre Seele, in einer positiven und geordneten Umgebung aufzuwachen. Bereiten Sie, so weit es geht, das Frühstück vor. Vermeiden Sie den morgendlichen ratlosen Blick in den Kühlschrank.

Suchen Sie abends schon die Sachen heraus, die Sie anziehen werden. Legen Sie alles zurecht, was Sie am nächsten Morgen nicht vergessen dürfen. Machen Sie das auch mit den Kleidern und Taschen kleinerer Kinder. Besonders unangenehm ist es, wenn Sie beim morgendlichen Wettlauf mit der Uhr feststellen, dass die Schuhe ab-

schreckend aussehen. Putzen Sie Ihre Schuhe daher grundsätzlich am Abend. Fordern Sie, wenn nötig, auch Ihre Kinder dazu auf, ihre Treter in benutzbare Fasson zu bringen.

Lagern Sie die wichtigen Dinge in der Nähe der Wohnungstür. Bestimmen Sie einen Platz, an dem alles liegt, was Sie Tag für Tag brau-

chen: Geldbeutel, Schlüssel, Fahrkarten und Post, die eingeworfen werden muss. Halten Sie hier auch eine Dose mit Kleingeld bereit für Notfälle in letzter Minute. Damit vermeiden Sie die hektische Sucherei beim morgendlichen Aufbruch.

Fragen Sie alle Familienmitglieder prinzipiell am Abend, was es am nächsten Tag für Besonderheiten gibt: Wer kommt eventuell später nach Hause? Muss noch etwas für die Schule unterschrieben werden? Hat jeder genug Geld? Fahrkarten? Und all die anderen Informationen, die im müden morgendlichen Zustand leicht in Vergessenheit geraten.

Der Trick gegen den Badezimmer-Stau Vereinbaren Sie einen festen täglichen Plan, wer wann das Badezimmer benutzt. Wenn der Tag mit dem Gerangel um Dusche und Toilette beginnt, ist das nur schwer wieder gutzumachen. Überlegen Sie gemeinsam, welche Teile der Morgentoilette in die Schlafzimmer verlagert werden können. Elektrorasur, Föhnen und Make-up lassen sich genauso gut dort erledigen. Sie brauchen lediglich in einen weiteren Spiegel und Haarföhn zu investieren. Die Kosten sind gering, verglichen mit der gewonnenen Entspannung am Morgen.

Sichern Sie sich einen Vorsprung Ziehen Sie es in Betracht, als Erster aufzustehen und dadurch eine Weile allein sein zu können. Wenn sich Morgenmuffel auf diese Weise am Morgen etwas Zeit für sich selbst nehmen, wirken sie auf ihre Umwelt schon viel genießbarer. Der kleine Vorsprung verschafft Ihnen ein gutes Gefühl und ein bisschen ruhige Privatzeit. Planen Sie zehn Minuten unverplante Zeit für eine schöne Meditationsübung und als Reserve für unvorhergesehene Ereignisse ein: Etwas fällt herunter, jemand muss getröstet werden oder es gibt sonst irgendeine Panne in der morgendlichen Routine.

Durchbrechen Sie ab und zu die Routine, so etwa einmal im Monat: Stehen Sie noch etwas früher auf, und holen Sie mitten in der Woche frische Brötchen; kaufen Sie am Vorabend frische Blumen und überraschen Sie Ihre Familie damit – ohne dass jemand Geburtstag hat.

Der Morgen hat eine Schrittmacherfunktion für Ihren ganzen Tag. Wenn Sie bereits gehetzt anfangen, legen Sie damit diesen Rhythmus fest. Frühstücken Sie bei schönem Wetter auf der Terrasse, dem Balkon oder wenigstens bei weit geöffnetem Fenster. Selbst wenn es nur ein paar Minuten sind – die gute Stimmung Ihres Frühstücks nehmen Sie mit in Ihren restlichen Tag.

Probieren Sie es eine Woche lang aus: Frühstücken ohne Radio und ohne Tageszeitung, ein Tagesstart ohne Katastrophenmeldungen, Werbegedudel und Ablenkung. Sie werden staunen über die gesunde Wirkung der Stille.

116

Vermeiden Sie es auf jeden Fall, morgens den Fernseher anzu-
schalten. Was in der Welt
Wichtiges passiert ist, er-
fahren Sie im Lauf des Tages noch oft genug.
Nutzen Sie den Morgen dazu, Ihre Mitte zu
finden.

Genießen Sie den Abend

Dass der Morgen die Weichen für Ihr Zeit-
empfinden während des Tages stellt, ist leicht
nachzuvollziehen. Mindestens ebenso wichtig
ist jedoch guter Schlaf. Wir schlafen im
Durchschnitt mehr als eine Stunde weniger
als unsere Großeltern. Noch gravierender als
die fehlende Schlafmenge ist die mangelnde
Schlafqualität. Immer mehr Menschen klagen
darüber, dass sie »nachts kein Auge zutun«.
Häufig liegt das an falschem Verhalten am
Abend. Deshalb finden Sie hier einige simplify-Tipps für einen guten Weg in die Nacht.

Meditation im Wasser Auch für den Abend
lässt sich etwas von den Japanern abschauen:

Sie arbeiten sehr konzentriert, oft angespannt, machen abends aber meist eine Übung, um völlig abzuschalten. Während Sie langsam das Wasser in die Wanne laufen lassen (für die meisten Menschen ein beruhigendes Geräusch), setzen Sie sich auf den Boden und öffnen Ihre Hände nach oben, wobei sich Daumen und Zeigefinger in der »Blütenblattstellung« berühren. Schließen Sie die Augen, atmen Sie bewusst und gleichmäßig, denken Sie an nichts, sondern lassen Sie alle Gedanken wie Nebel von sich wegziehen, der sich im sprudelnden Wasser neben Ihnen auflöst. Zehn Minuten wirken bereits Wunder!

Die 1936 verstorbene Dichterin Sylvia Plath wollte niemals ohne das Glück einer mit warmem Wasser gefüllten Badewanne auskommen: »Es gibt wahrscheinlich ein paar Dinge, die ein heißes Bad nicht heilt. Aber mir fallen gerade nicht viele ein.«

Die beste Badetemperatur ist 36 bis 38 Grad Celsius, sodass Sie das Wasser eigentlich gar nicht spüren, sondern sich schwerelos davon getragen fühlen. Verwenden Sie beruhigende Badezusätze, am besten solche mit natürlichen Duftölen. Stellen Sie sich vor, dass das Wasser alle unguten Gedanken, Gifte und Belastungen in Ihnen auflöst und davonschwemmt.

Schlauer einschlafen Der Einschlafprozess beginnt etwa eine halbe Stunde vor dem Zu-Bett-Gehen. Entwickeln Sie ein Einschlafritual, das Sie auch auf Reisen beibehalten. Machen Sie in der halben Stunde vor dem Schlafengehen einen Spaziergang, hören Sie ruhige Musik, lesen Sie oder liegen Sie nichtstuend auf dem Sofa. Fernsehen direkt vor dem Einschlafen ist typabhängig. Es kann bei dem einen einschläfernd wirken, bei dem anderen das Gegenteil hervorrufen.

Sehr bewährt hat es sich, am Ende des Tages vor dem Schlafengehen noch eine Tasse Tee zu trinken. Das ist besonders bekömmlich, wenn Sie zuvor Alkohol zu sich genommen hatten. Wählen Sie eine Sorte ohne Teein (Yogi-Tee aus Gewürzen, milden Kräutertee oder Roiibusch). Ein japanisches Sprichwort lautet: Zwinge das Glück nicht herbei; bei einer Schale Tee kommt es meist von allein.

Die ideale Schlaftemperatur ist ein Zimmer zwischen 14 und 18 Grad Celsius. Kalte Füße stören den Einschlafprozess erheblich. Bekämpfen Sie sie mit einer Wärmflasche oder warmen, nicht zu engen Socken.

Gehen Sie mindestens einmal in der Woche vor 22 Uhr zu Bett. Selbst wenn Sie dann noch nicht unmittelbar einschlafen können, ist die verlängerte nächtliche Ruhezeit ein besonderes Geschenk an Ihren Körper. Eine Nacht pro Woche mit intensivem Erholungsschlaf kann einen Großteil Ihrer Schlafschulden tilgen. Wenn Sie ein kleines Kind haben, das nicht durchschläft, sollte jedes Elternteil eine Nacht in der Woche in einem getrennten Zimmer seine volle Schlafdosis erhalten. Weniger empfehlenswert indes ist der lange »Sonntag im Bett«, weil er häufig zu Einschlafstörungen am Sonntagabend und damit zur berüchtigten Montags-Müdigkeit führt.

Statten Sie Ihr Bett mit einer gepolsterten Rückwand aus (im Notfall genügen ein paar  Kissen, mit Schlaufen an die Wand gehängt). Dadurch verwandeln Sie Ihre Schlafstatt in einen Platz, an dem Sie gerne etwas lesen, Musik hören oder ein Tässchen Tee genießen wollen – und das nicht nur am Abend. Besorgen Sie sich ein Tablett mit hohem Rand, dann können Sie Tasse, Knabbereien und andere Utensilien problemlos neben sich auf der Matratze abstellen.

Ihr Körper benötigt zur Produktion des Schlafhormons Melatonin klare Informationen über Tag und Nacht: tagsüber Sonnenlicht und nachts möglichst vollkommene Dunkelheit. Vermeiden Sie deshalb Nachtleuchten und Einstrahlungen durch die Straßenbeleuchtung, auch bei Kindern. Wenn Sie am Abend arbeiten, verwenden Sie besser punktuelle Arbeitsleuchten anstelle von grellem Neonlicht.

Und wenn es doch nicht klappt? Machen Sie sich wegen einer schlechten Nacht nicht zu viele Gedanken. »Ich habe die Nacht kein Auge zugetan« ist eine höchst subjektive Aussage. In Schlaflabors, wo Patienten elektronisch kontrolliert die Nacht verbringen, stellte sich heraus: Es ist vollkommen normal, bis zu 28 mal in der Nacht aufzuwachen. Einschlafschwierigkeiten werden ebenfalls drastisch überschätzt:

 Wachzeiten von zehn Minuten nehmen die meisten Menschen subjektiv als eine Stunde wahr. Wenn Sie mitten in der Nacht aufwachen, brauchen Sie sich keine Sorgen zu machen. Denken Sie an etwas Schönes und sagen Sie sich: Wie angenehm, dass ich noch nicht aufstehen muss. Erst wenn sich die negativen Gedanken nicht vertreiben lassen, sollten Sie aufstehen, eine Kleinigkeit essen, etwas trinken und Frieden schließen mit der Nacht.

Halten Sie einfach die Zeit an

»Ich wünschte, ich könnte die Zeit anhalten!«
– so seufzen viele. Zeitplanungsexperten raten
paradoxerweise: Nehmen Sie Ihren Seufzer
wörtlich! Halten Sie die Zeit an! Steigen Sie für
ein paar Minuten aus der Tretmühle aus. Sie
werden überrascht feststellen, dass sie sich
danach viel langsamer dreht. Schaffen Sie sich
für stressige Situationen Ihre eigene Insel der
Gelassenheit. Dazu zum Schluss drei einfa-
che Methoden, die Sie jederzeit anwenden
können.

Die Meine-Zeit-Ermutigung. Wenn Sie vom
Zeitdruck überfordert sind, wenn Sie sich
langsam wie eine Schnecke oder müde wie
ein Faultier vorkommen – stellen Sie sich hin,
nehmen Sie eine Uhr in die Hand (am einfachsten Ihre Armbanduhr) und sagen Sie:

»Meine Zeit gehört mir.« Sagen Sie diesen Satz so oft, bis Sie ihn wirklich glauben. Das Schöne daran: Er ist immer wahr. Niemand kann Ihnen Ihre Zeit nehmen. Sie können Ihre Zeit nur jemand anderem geben. Diese kleine Ermutigungsübung ändert nichts wirklich an der Situation: Wenn Sie innerhalb der nächsten 30 Minuten eine furchtbar unangenehme Arbeit zu erledigen haben, ist sie nach Ihrer Ermutigungsmeditation immer noch da. Aber es kann ein fundamentaler Unterschied sein, ob man Ihnen Ihre Zeit weggenommen hat (wie Sie fälschlicherweise glaubten) oder ob Sie jemand Ihre Zeit zu Verfügung stellen. Es ist der Unterschied zwischen Passiv und Aktiv.

Das alte irische Gedicht. Ob es wirklich alt ist und ob es aus Irland stammt, ist ungeklärt. Gewiss ist, dass es hilft und eine kluge Einsicht enthält: Jede Sekunde, die wir leben, dient einem Zweck. Jede Minute hat einen guten Grund. Hier sind die wichtigsten davon aufgezählt. In Momenten, in denen Sie den sonst selbstverständlich erscheinenden Sinn Ihres

Lebens aus den Augen verloren haben (die gibt es immer wieder), ist diese Liste eine gute Hilfe:

Nimm dir Zeit zum Arbeiten –
    es ist der Preis des Erfolges.
Nimm dir Zeit zum Denken –
    es ist die Quelle der Kraft.
Nimm dir Zeit zum Spielen –
    es ist das Geheimnis ewiger
    Jugend.

Nimm dir Zeit zum Lesen –
    es ist der Brunnen der Weisheit.
Nimm dir Zeit zum Träumen –
    es bringt dich den Sternen näher.
Nimm dir Zeit, dich umzusehen –
    der Tag ist zu kurz, um selbstsüchtig zu sein.
Nimm dir Zeit zum Lachen –
    es ist die Musik der
    Seele.
Nimm dir Zeit, freund-
    lich zu sein –
    es ist der Weg zum
    Glück.
Nimm dir Zeit zu lieben und geliebt zu werden –
    es ist der wahre Reichtum des Lebens.

Emersons Erfolgsformel. Und zum Abschluss: Mein persönlicher Lieblingstext für Stunden der Überlastung und Phasen des Ausgebranntseins sind die folgenden Zeilen von Ralph Waldo Emerson, dem amerikanischen Dichter, Philosophen und ganz großen Simplifyer:

Oft lachen und viel lieben.
Den Respekt intelligenter Menschen gewinnen
und die Liebe von Kindern.
Von anerkannten Kritikern
anerkannt werden.
Dankbar sein für die Schönheit.
Sich selbst verschenken.
Die Welt ein kleines bisschen besser zurücklassen,
sei es durch ein fröhliches Kind, ein kleines
Stückchen Garten oder die Lösung
eines großen sozialen Problems.
Mit Begeisterung gespielt und
gesungen haben.
Zu wissen: Es gab wenigstens einen einzigen Menschen auf dieser Welt, der leichter atmen konnte, nur weil du gelebt hast.
Das ist Erfolg.